T0145751

PROJET DE PAIX PERPÉTUELLE

KANT À LA MÊME LIBRAIRIE

Anthropologie du point de vue pragmatique, traduction M. Foucault.

Le conflit des facultés en trois sections (1798), traduction J. Gibelin.

Considérations sur l'optimisme, traduction P. Festugière.

Critique de la faculté de juger, introduction, traduction et notes A. Philonenko.

Dissertation de 1770, texte latin, introduction et traduction A. Pelletier.

Essai pour introduire en philosophie le concept de grandeur négative, introduction G. Canguilhem, traduction et notes R. Kempf.

Fondements de la métaphysique des mœurs, traduction V. Delbos, introduction et notes A. Philonenko.

Histoire et politique : Idée pour une histoire universelle du point de vue cosmopolite, traduction G. Leroy, notes M. Castillo.

Histoire générale de la nature et théorie du ciel, introduction, traduction et notes P. Kerszberg, A.-M. Roviello et J. Seidengart.

L'unique argument possible d'une preuve de l'existence de Dieu, traduction et notes R. Theis.

Logique, introduction, traduction et notes L. Guillermit.

Manuscrit de Duisbourg (1774-1775). Choix de réflexions des années 1772-1777, présentation, traduction et notes F.-X. Chenet.

Métaphysique des mœurs, I. *Doctrine du droit*, II. *Doctrine de la vertu*, traduction et notes A. Philonenko.

Observations sur le sentiment du beau et du sublime, traduction R. Kempf.

Premiers principes métaphysiques de la science de la nature, traduction J. Gibelin.

Première introduction à la Critique de la faculté de juger et autres textes, traduction L. Guillermit.

La religion dans les limites de la simple raison (1793), traduction J. Gibelin, revue par M. Naar.

Les progrès de la métaphysique en Allemagne, traduction L. Guillermit.

Projet de paix perpétuelle, texte allemand et traduction J. Gibelin.

Prolégomènes à toute métaphysique future qui pourra se présenter comme science, traduction et index L. Guillermit.

Qu'est-ce que s'orienter dans la pensée ?, traduction, commentaire, notes et index A. Philonenko, préface F. Alquié.

Réflexions sur l'éducation, introduction, traduction et notes A. Philonenko.

Remarques touchant les observations sur le sentiment du beau et du sublime, introduction, traduction et notes B. Geonget.

Réponse à Eberhard, introduction, traduction et notes J. Benoist.

Rêves d'un visionnaire, traduction et présentation F. Courtès. *Théorie et pratique. Sur un prétendu droit de mentir par humanité*, traduction et notes L. Guillermit.

BIBLIOTHÈQUE D'HISTOIRE DE LA PHILOSOPHIE

Fondateur : Henri GOUHIER   Directeur : Jean-François COURTINE

Emmanuel KANT

PROJET
DE PAIX PERPÉTUELLE
ESQUISSE PHILOSOPHIQUE
1795

Texte allemand, traduit par

J. GIBELIN

PARIS

LIBRAIRIE PHILOSOPHIQUE J. VRIN

6, Place de la Sorbonne, V e

2013

Au Sergent Gibelin André,
prisonnier de guerre en Allemagne,
d'Avril 1940 à Mai 1945

Julien Farges a constitué l'index de la présente édition

© *Librairie Philosophique J. VRIN*, 2002
pour l'édition de poche, 1990, 1999
Imprimé en France
ISSN 0249-7980
ISBN 978-2-7116-1380-1

www.vrin.fr

AVANT-PROPOS DU TRADUCTEUR

L'opuscule sur la *Paix perpétuelle* dont nous donnons la traduction se rattache par un lien étroit aux divers ouvrages qui constituent l'ensemble de la philosophie critique.

Après avoir déterminé, dans la *Critique de la Raison pure*, la valeur relative des principes rationnels et les limites de la Connaissance théorique, Kant avait pensé établir par ses deux autres *Critiques* la liberté humaine et les Idées métaphysiques sur une base inébranlable, conciliant ainsi son rationalisme foncier avec ses aspirations religieuses.

Mais il était facile de constater l'insuffisance de cette philosophie purement individualiste; le système exigeait nécessairement comme complément une doctrine politique.

L'homme, en effet, ne vit pas isolément, mais il fait partie d'une société; or, il faut que cette société ne soit point barbare, c'est-à-dire dans l'état de nature, mais organisée, de manière à laisser à chaque individu la faculté d'user de sa liberté, ou, si l'on veut, de réaliser sa fin morale, car c'est en cet effort de réalisation que consiste essentiellement la liberté. C'est au droit qu'incombe le soin de cette organisation. Kant a donc consacré à la doctrine du droit un certain nombre d'écrits, en particulier la *Métaphysique des mœurs*; et il définit ainsi le principe général de cette doctrine : « Le droit est l'ensemble des conditions permettant de concilier notre libre arbitre *(Willkür)* avec celui d'autrui suivant une loi universelle de

liberté [1] ». À cet égard, le gouvernement qui offre, selon Kant, le plus de garantie est le gouvernement républicain.

À supposer toutefois qu'une nation, sortie de l'état de nature, se soit conformée aux règles du droit, la liberté des citoyens ne sera pas néanmoins à l'abri de tout danger. Le monde, en effet, ne comprend pas une seule nation, mais en comprend plusieurs ; cet état de choses est d'ailleurs normal ; un gouvernement régissant seul le monde entier ne saurait guère se concevoir. Or, les diverses nations en sont restées, dans leurs mutuels rapports, à l'état de nature, c'est-à-dire que ces rapports se règlent par la violence et la ruse et que les traités de paix ne sont guère que des trèves.

Pour que l'homme soit parfaitement assuré de pouvoir réaliser sa fin, il faut donc que se superpose, à cette société juridique particulière qu'est une nation policée, une société de nations, fondée sur le droit. À quelles conditions cela est-il possible ? Voilà la question que pose et veut résoudre notre traité. En six articles préliminaires Kant expose comment on peut éliminer les causes de guerre ; trois articles subséquents établissent les conditions définitives de la paix perpétuelle entre les nations. Enfin dans un article secret Kant demande qu'en ces matières les philosophes soient consultés.

C'est ainsi que Kant reprenait systématiquement et d'ailleurs consciemment l'idée du *Projet de paix perpétuelle*, paru en 1713, de l'abbé de Saint-Pierre [2], projet qui avait été considéré, notamment par Leibniz [3], comme une véritable utopie. Au fond cette idée, telle qu'elle se présentait dans le Projet de l'abbé de Saint-Pierre, en était une aussi pour Kant ;

---

1. *Cf.* Kant, *Premiers principes métaphysiques de la théorie du droit*.

2. Herder a proposé aussi un Projet de paix perpétuelle, dans ses *Lettres pour l'avancement de l'humanité* (1793-1797) ; projet différent de celui de l'Abbé qu'il critique. *Cf.* A. Bossert, *Herder, sa vie et son œuvre*, Paris, Hachette, 1916, p. 179 *sq.*

3. *Cf.* V. Delbos, *Les Idées de Kant sur la paix perpétuelle* (*Nouvelle Revue*, 1899, T. 119).

mais, se plaçant a un point de vue différent de Leibniz, il s'efforça, suivant son habitude, de rationaliser et de systématiser ce *Projet*. Imaginer, en effet, pour les individus, comme pour les peuples un état de bonheur parfait, c'est assurément un beau songe, que pouvaient seuls caresser de naïfs partisans du progrès ; les conceptions philosophiques de Kant s'opposent nettement à la sensiblerie et à l'eudémonisme de l'époque. Le mal moral, inhérent à la nature humaine, ne permet guère de semblables illusions.

Toutefois, il ne faudrait pas pour des raisons de ce genre devenir sceptique et établir, comme certaine politique empirique, une cloison étanche entre la théorie et la pratique. Kant, on le sait, a consacré tout un opuscule a réfuter l'adage : « Cela peut être bon en théorie, mais ne vaut rien en pratique ». – Outre que cette prétendue sagesse politique, dont l'indice révélateur est l'incompatibilité de ses maximes avec la publicité, se trouve toujours finalement fallacieuse et déficiente, la conscience nous impose de façon absolue d'obéir à sa loi et de remplir notre devoir qui consiste à avancer en ce monde le règne de la moralité et de la 1iberté, sans nous préoccuper autrement des résultats de cette action relativement au bonheur.

La doctrine est assurément austère, néanmoins elle ne nous laisse pas entièrement sans espoir. Les *Critiques*, en effet, avaient mis en lumière le primat de la raison pratique et montré comment le déterminisme des lois de la nature n'est en somme que l'instrument de la moralité : « Tu peux, car tu dois ».

De même, les forces qui dans la société s'opposent et luttent les unes contre les autres, finissent par s'harmoniser, naturellement en quelque sorte, pour permettre le graduel établissement, parmi les hommes à l'état sauvage, d'une organisation juridique.

Il n'en va pas autrement pour les rapports mutuels entre les nations. Les divisions, la violence, la guerre même, contri-

buent à inspirer à celles-ci, considérées comme des personnes morales, un idéal de plus en plus noble et à les faire sortir peu à peu et pour ainsi dire malgré elles, du barbare état de nature ou elles se trouvent.

En politique donc, comme en morale, il nous vient de l'extérieur, c'est-à-dire du coté de la nature et de l'histoire des indications, qui, interprétées comme il convient, nous invitent, renforçant ainsi la voix de la conscience, à consacrer tout notre effort à réaliser la fin suprême de l'Univers : le règne de la liberté dans la moralité et a conserver la foi en l'ultime et providentiel accord de la vertu et du souverain bien[1].

C'est ainsi que le Traité de la *Paix perpétuelle*, dont la structure se conforme bien aux caractères généraux de la pensée critique, s'insère logiquement dans l'édifice systématique de la philosophie Kantienne dont il constitue en quelque sorte le parachèvement[2].

< Nous indiquons en marge la pagination de l'édition de l'Académie de Berlin, vol. VIII >

---

1. *Cf.* W. Windelband, *Geschichte der neueren Philosophie*, II, 132.
2. *Cf.* K. Fischer, *Kant*, T. II, L. II, chap. VI.

À LA PAIX PERPÉTUELLE

ZUM EWIGEN FRIEDEN

| ZUM EWIGEN FRIEDEN

Ob diese satirische Überschrift auf dem Schilde jenes holländischen Gastwirts, worauf ein Kirchhof gemalt war, die *Menschen* überhaupt, oder besonders die Staatsoberhäupter, die des Krieges nie satt werden können, oder wohl gar nur die Philosophen gelte, die jenen süßen Traum träumen, mag dahingestellt sein. Das bedingt sich aber der Verfasser des Gegenwärtigen aus, daß, da der praktische Politiker mit dem theoretischen auf dem Fuß steht, mit großer Selbstgefälligkeit auf ihn als einen Schulweisen herabzusehen, der dem Staat, welcher von Erfahrungsgrundsätzen ausgehen müsse, mit seinen sachleeren Ideen keine Gefahr bringe, und den man immer seine elf Kegel auf einmal werfen lassen kann, ohne daß sich der weltkundige Staatsmann daran kehren darf, dieser auch im Fall eines Streits mit jenem sofern konsequent verfahren müsse, hinter seinen auf gut Glück gewagten und öffentlich geäußerten Meinungen nicht Gefahr für den Staat zu wittern; – durch welche *Clausula salvatoria* der Verfasser dieses sich dann hiermit in der besten Form wider alle bösliche Auslegung ausdrücklich verwahrt wissen will.

| À LA PAIX PERPÉTUELLE

On ne se prononcera pas sur la question de savoir si cette inscription satirique sur l'enseigne de l'aubergiste hollandais où se trouvait peint un cimetière s'adressait aux *hommes* en général, ou plus particulièrement aux chefs d'État, jamais saturés de guerres, ou même aux seuls philosophes qui font ce doux songe de la paix. Toutefois l'auteur du présent traité pose la condition suivante : Puisque l'attitude du politique pratique à l'égard du politique théoricien consiste à considérer celui-ci de haut avec une grande fatuité, comme étant un sage d'école, n'offrant aucun danger pour l'État dont les principes doivent être empruntés à l'expérience, – et auquel'on peut toujours laisser tirer en une fois ses onze quilles, sans que l'homme d'État expérimenté ait lieu de s'en préoccuper, celui-ci devra, en cas de conflit avec le philosophe, procéder avec conséquence et ne pas flairer, sous des opinions risquées au petit bonheur et exposées publiquement, quelque danger pour l'État. C'est là une *clausula salvatoria* grâce à laquelle l'auteur prétend expressément se garantir en bonne forme contre toute interprétation malveillante.

ERSTER ABSCHNITT,

WELCHER DIE PRÄLIMINARARTIKEL ZUM EWIGEN FRIEDEN UNTER STAATEN ENTHÄLT

1. Es soll kein Friedensschluß für einen solchen gelten, der mit dem geheimen Vorbehalt des Stoffs zu einem künftigen Kriege gemacht worden

Denn alsdann wäre er ja ein bloßer Waffenstillstand (Aufschub der Feindseligkeiten), nicht *Friede*, der das Ende aller Hostilitäten bedeutet, und dem das Beiwort ewig anzuhängen ein schon verdächtiger Pleonasm ist. Die vorhandenen, obgleich jetzt vielleicht den Paziszierenden selbst noch nicht bekannten, Ursachen zum künftigen Kriege sind durch den Friedensschluß insgesamt vernichtet, sie mögen auch aus archivarischen 344 Dokumenten | mit noch so scharfsichtiger Aufspähungs- geschicklichkeit ausgeklaubt sein. – Der Vorbehalt (*reservatio mentalis*) alter allererst künftig auszudenkender Prätensionen, deren kein Teil für jetzt Erwähnung tun mag, weil beide zu sehr erschöpft sind, den Krieg fortzusetzen, bei dem bösen Willen, die erste günstige Gelegenheit zu diesem Zweck zu benutzen, gehört zur Jesuitenkasuistik und ist unter der Würde

1. *Aucun traité de paix ne doit valoir comme tel, si on l'a conclu en se réservant tacitement matière à guerre future*

Dans ce cas, en effet, ce serait un simple armistice, une suspension d'armes, mais non une *paix*, marquant le terme de toutes les hostilités; accoler à une semblable *paix* l'épithète *perpétuel* constitue déjà un pléonasme suspect. Les causes existantes de la guerre future, bien qu'ignorées peut-être actuellement des parties contractantes, doivent toutes être anéanties par le traité de paix; peu importe d'ailleurs qu'elles soient extraites de documents d'archives | par l'investigation **344** la plus subtile et la plus adroite. Réserver mentalement (*reservatio mentalis*) de vieilles prétentions, à déterminer tout d'abord ultérieurement et qu'aucune des parties ne tient presentement à mentionner, l'une et l'autre étant trop épuisées pour continuer la guerre, tout en ayant la mauvaise intention d'user à cette fin de la prochaine occasion favorable, c'est un procédé qui relève de la casuistique des Jésuites, et qui est au-dessous de la dignité des souverains, comme céder à de semblables déductions est au-dessous de la dignité de

der Regenten, sowie die Willfährigkeit zu dergleichen Deduktionen unter der Würde eines Ministers desselben, wenn man die Sache, wie sie an sich selbst ist, beurteilt. –

Wenn aber nach aufgeklärten Begriffen der Staatsklugheit in beständiger Vergrößerung der Macht (durch welche Mittel es auch sei) die wahre Ehre des Staats gesetzt wird, so fällt freilich jenes Urteil als schulmäßig und pedantisch in die Augen.

2. Es soll kein für sich bestehender Staat (klein oder groß, das gilt hier gleichviel) von einem anderen Staate durch Erbung, Tausch, Kauf oder Schenkung erworben werden können

Ein Staat ist nämlich nicht (wie etwa der Boden, auf dem er seinen Sitz hat) eine Habe (*patrimonium*). Er ist eine Gesellschaft von Menschen, über die niemand anders als er selbst zu gebieten und zu disponieren hat. Ihn aber, der selbst als Stamm seine eigene Wurzel hatte, als Pfropfreis einem andern Staate einzuverleiben, heißt seine Existenz als einer moralischen Person aufheben und aus der letzteren eine Sache machen, und widerspricht also der Idee des ursprünglichen Vertrags, ohne die sich kein Recht über ein Volk denken läßt[1]. In welche Gefahr das Vorurteil dieser Erwerbungsart Europa, denn die andern Weltteile haben nie davon gewußt, in unsern bis auf die neuesten Zeiten gebracht habe, daß sich nämlich auch Staaten einander heiraten könnten, ist jedermann bekannt, teils als eine neue Art von Industrie, sich auch ohne Aufwand von Kräften durch Familienbündnisse übermächtig zu machen, teils auch auf solche Art den Länderbesitz zu erweitern. – Auch die Verdingung der Truppen eines Staats an einen andern gegen einen nicht gemeinschaftlichen Feind ist dahin zu zählen; denn die Untertanen werden dabei als nach Belieben zu handhabende Sachen gebraucht und verbraucht.

1. Ein Erbreich ist nicht ein staat, der von einem andern Staate, sondern dessen Recht zu regieren an eine andere physische Person vererbt werden kann. Der Staat erwirbt alsdann einen Regenten, nicht dieser als ein solcher (d.i. der schon ein anderes Reich besitzt) den Staat.

leurs ministres, si toutefois l'on considère la chose en elle-même.

Mais si, suivant les idées éclairées de la sagesse politique, on place le véritable honneur de l'État dans un accroissement continuel de puissance, sans regarder aux moyens, un tel jugement, il est vrai, paraîtra scolastique et pédant.

2. Nul État indépendant (petit ou grand, peu importe ici) ne pourra être acquis par un autre État, par héritage, échange, achat ou donation

Un État, en effet, n'est pas (comme par exemple le sol où il est établi) un avoir (*patrimonium*). C'est une société humaine et nul autre que lui n'a le droit de lui imposer des ordres et d'en disposer. Or, l'incorporer à un autre État, comme une greffe, lui qui comme souche a sa racine propre, c'est lui ôter son existence comme personne morale et faire de cette personne une chose, c'est contredire pas conséquent l'idée du contrat primitif, hors laquelle on ne saurait concevoir aucun droit sur un peuple[1]; nul n'ignore à quels périls de nos jours et jusqu'à l'époque la plus récente, le préjugé de ce mode d'acquisition, à savoir que même des États peuvent se marier entre eux, a exposé l'Europe; car les autres parties du monde n'en ont jamais eu connaissance; procédé industriel nouveau permettant d'acquérir sans dépense de forces par des alliances de famille la prépondérance, ou d'accroître de cette manière ses possessions territoriales. – Il faut également classer ici le louage de troupes d'un État à un autre État, contre un ennemi qui n'est pas un ennemi commun; car dans ce cas en effet, l'on use et l'on mésuse des sujets comme des choses qu'on peut employer à son gré.

1. Un royaume héréditaire n'est pas un État dont un autre État peut hériter, mais dont le droit de gouverner peut être légué à une autre personne physique. L'État, en ce cas, acquiert un souverain, mais non celui-ci comme tel, l'État (c'est-à-dire comme celui qui possède déjà un autre royaume).

345 | 3. *Stehende Heere* (miles perpetuus) *sollen mit der Zeit ganz aufhören*

Denn sie bedrohen andere Staaten unaufhörlich mit Krieg durch die Bereitschaft, immer dazu gerüstet zu erscheinen; reizen diese an, sich einander in Menge der Gerüsteten, die keine Grenzen kennt, zu übertreffen, und indem durch die darauf verwandten Kosten der Friede endlich noch drückender wird als ein kurzer Krieg, so sind sie selbst Ursache von Angriffskriegen, um diese Last loszuwerden; wozu kommt, daß zum Töten oder getötet zu werden in Sold genommen zu sein, einen Gebrauch von Menschen als bloßen Maschinen und Werkzeugen in der Hand eines andern (des Staats) zu enthalten scheint, der sich nicht wohl mit dem Rechte der Menschheit in unserer eigenen Person vereinigen läßt. Ganz anders ist es mit der freiwilligen periodisch vorgenommenen Übung der Staatsbürger in Waffen bewandt, sich und ihr Vaterland dadurch gegen Angriffe von außen zu sichern. – Mit der Anhäufung eines Schatzes würde es ebenso gehen, daß er, von andern Staaten als Bedrohung mit Krieg angesehen, zu zuvorkommenden Angriffen nötigte (weil unter den drei Mächten, der *Heeresmacht,* der *Bundesmacht* und der *Geldmacht,* die letztere wohl das zuverlässigste Kriegswerkzeug sein dürfte), wenn nicht die Schwierigkeit, die Größe desselben zu erforschen, dem entgegenstände.

4. *Es sollen keine Staatsschulden in Beziehung auf äußere Staatshändel gemacht werden*

Zum Behuf der Landesökonomie (der Wegebesserung, neuer Ansiedlungen, Anschaffung der Magazine für besorgliche Mißwachsjahre usw.) außerhalb oder innerhalb dem Staate Hilfe zu suchen, ist diese Hilfsquelle unverdächtig. Aber als entgegenwirkende Maschine der Mächte gegeneinander, ist ein Kreditsystem ins Unabsehliche anwachsender und doch immer

|3. *Les armées permanentes* (miles perpetuus) *doivent être* 345
entièrement supprimées avec le temps

En effet, elles sont pour les autres États une perpétuelle
menace de guerre étant toujours prêtes à paraître armées dans
ce but ; elles poussent ces États à se surpasser les uns les autres
par la masse des hommes d'armes qui n'a pas de limites ; et
comme les dépenses que l'on y consacre, rendent finalement
la paix plus lourde encore qu'une guerre de courte durée, les
troupes mêmes sont la cause de guerres offensives afin que
l'on se libère de ces charges. Ajoutez que être pris en solde
pour tuer ou être tué paraît réduire l'usage des hommes à celui
de simples machines ou d'instruments dans la main d'un autre
(de l'État), usage qui ne peut guère se concilier avec les droits
de l'humanité en notre propre personne. Il en va tout
autrement des exercices militaires volontaires des citoyens
entrepris par eux périodiquement pour leur propre sureté et
celle de leur patrie contre des attaques de l'étranger. – Il en
serait de même de la *thésaurisation* qui, considérée par
d'autres États comme une menace de guerre, les obligerait à
des agressions préventives. (En effet, de ces trois puissances
celle des *armées*, celle des *alliances* et celle de *l'argent*, celle-
ci pourrait bien être l'instrument de guerre le plus certain ; si la
difficulté d'en connaître l'importance ne faisait obstacle).

4. *On ne doit point contracter de dettes publiques en vue*
des conflits extérieurs de l'État

Quand il s'agit de recourir dans l'intérêt de l'économie
nationale à une aide provenant du dehors ou de l'intérieur
(pour améliorer les routes, créer de nouvelles colonies, établir
des magasins pour les années inquiétantes de récolte défici-
taire), ce moyen de se créer des ressources ne saurait être
suspect, toutefois, considéré comme machine de réaction
réciproque des puissances, un système de crédit, consistant en

für die gegenwärtige Forderung (weil sie doch nicht von allen Gläubigern auf einmal geschehen wird) gesicherter Schulden – die sinnreiche Erfindung eines handeltreibenden Volks in diesem Jahrhundert – eine gefährliche Geldmacht, nämlich ein Schatz zum Kriegführen, der die Schätze aller andern Staaten zusammengenommen übertrifft, und nur durch den einmal bevorstehenden Ausfall der Taxen (der doch auch durch die Belebung des Verkehrs vermittelst der Rückwirkung auf Industrie und Erwerb noch lange hingehalten wird) erschöpft werden kann. Diese Leichtigkeit, Krieg zu führen, mit der Neigung der Machthabenden dazu, welche der menschlichen Natur eingeartet zu sein scheint, verbunden, ist also ein großes Hindernis des ewigen Friedens, welches zu verbieten um desto 346 mehr ein | Präliminar artikel desselben sein müßte, weil der endlich doch unvermeidliche Staatsbankrott manche andere Staaten unverschuldet in den Schaden mit verwickeln muß, welches eine öffentliche Läsion der letzteren sein würde. Mithin sind wenigstens andere Staaten berechtigt, sich gegen einen solchen und dessen Anmaßungen zu verbünden.

5. *Kein Staat soll sich in die Verfassung und Regierung eines andern Staats gewalttätig einmischen*

Denn was kann ihn dazu berechtigen? Etwa das Skandal, was er den Untertanen eines andern Staats gibt? Es kann dieser vielmehr durch das Beispiel der großen Übel, die sich ein Volk durch seine Gesetzlosigkeit zugezogen hat, zur Warnung dienen; und überhaupt ist das böse Beispiel, was eine freie Person der andern gibt, (als *scandalum acceptum*) keine Läsion derselben. – Dahin würde zwar nicht zu ziehen sein, wenn ein Staat sich durch innere Veruneinigung in zwei Teile spaltete, deren jeder für sich einen besondern Staat vorstellt, der auf das Ganze Anspruch macht; wo einem derselben Beistand zu leisten einem äußern

dettes s'accroissant à l'infini, mais offrant néanmoins toute
garantie au cas d'exigence immédiate (parce que tous les
créanciers n'exigent pas à la fois le paiement) – système qui
est l'invention ingénieuse en ce siècle, d'un peuple com-
merçant, – un tel système est une dangereuse puissance
financière, un trésor pour faire la guerre, qui l'emporte en
importance sur l'ensemble des trésors de tous les autres États
réunis et qui ne peut s'épuiser que par la carence imminente
des taxes (carence qui pourra être longtemps retardée toutefois par l'animation du commerce, réagissant sur l'industrie et
le profit). Cette facilité pour faire la guerre, jointe aux
penchants des potentats à la faire qui paraît inné à la nature
humaine, constitue un grand obstacle à la paix perpétuelle.
L'interdire devrait | être d'autant plus un article préliminaire **346**
de cette paix que finalement la banqueroute inévitable de
l'État doit impliquer dans ce désastre d'autres États sans qu'il
y ait de leur faute, ce qui constitue pour ceux-ci une lésion
publique. Il s'ensuit que d'autres États sont pour le moins en
droit de se coaliser contre un État de ce genre et contre ses
prétentions.

5. *Aucun État ne doit s'immiscer de force dans la constitution et le gouvernement d'un autre État*

Quelle raison, en effet, peut l'y autoriser? Le scandale,
peut-être, que cet État donne aux sujets d'un autre État? Il peut
bien au contraire servir d'avertissement par l'exemple des
grands maux qu'un peuple s'est attirés par son anarchie;
d'ailleurs d'une manière générale le mauvais exemple, donné
par une personne libre à une autre (en tant que *scandalum
acceptum*), ne constitue pas une lésion de cette dernière. – Il
est vrai qu'il ne faudrait pas faire rentrer ici le cas où un État,
par suite de divisions intérieures, se partagerait en deux;
chaque partie représentant pour soi un État particulier qui
prétendrait au tout; fournir de l'aide à l'une ne pourrait valoir

Staat nicht für Einmischung in die Verfassung des andern (denn es ist alsdann Anarchie) angerechnet werden könnte. Solange aber dieser innere Streit noch nicht entschieden ist, würde diese Einmischung äußerer Mächte Verletzung der Rechte eines nur mit seiner innern Krankheit ringenden, von keinem andern abhängigen Volks, selbst also ein gegebenes Skandal sein und die Autonomie aller Staaten unsicher machen.

6. *Es soll sich kein Staat im Kriege mit einem andern solche Feindseligkeiten erlauben, welche das wechselseitige Zutrauen im künftigen Frieden unmöglich machen müssen : als da sind Anstellung der* Meuchelmörder (percussores), Giftmischer (venefici), Brechung der Kapitulation, Anstiftung des Verrats (perduellio) *in dem bekriegten Staat etc.*

Das sind ehrlose Stratagemen. Denn irgendein Vertrauen auf die Denkungsart des Feindes muß mitten im Kriege noch übrigbleiben, weil sonst auch kein Friede abgeschlossen werden könnte, und die Feindseligkeit in einen Ausrottungskrieg (*bellum internecinum*) ausschlagen würde; da der Krieg doch nur das traurige Notmittel im Naturzustande ist (wo kein Gerichtshof vorhanden ist, der rechtskräftig urteilen könnte), durch Gewalt sein Recht zu behaupten; wo keiner von beiden Teilen für einen ungerechten Feind erklärt werden kann (weil das schon einen Richterausspruch voraussetzt), sondern der *Ausschlag* desselben

347 (gleich als vor einem I sogenannten Gottesgerichte) entscheidet, auf wessen Seite das Recht ist; zwischen Staaten aber sich kein Bestrafungskrieg (*bellum punitivum*) denken läßt (weil zwischen ihnen kein Verhältnis eines Oberen zu einem Untergebenen stattfindet). – Woraus denn folgt : daß ein Ausrottungskrieg, wo die Vertilgung beide Teile zugleich und mit dieser auch alles Rechts treffen kann, den ewigen Frieden nur auf dem großen Kirchhofe der Menschengattung stattfinden lassen würde. Ein solcher Krieg also, mithin auch der Gebrauch der Mittel, die dahin führen, muß schlechterdings unerlaubt sein. –

pour un État étranger comme une immixtion dans la constitution de l'autre (car il y a anarchie). Toutefois tant que ce conflit intérieur n'est point résolu, cette ingérence de puissances étrangères serait une lésion des droits d'un peuple luttant seulement contre son mal intérieur, et ne dépendant d'aucun autre ; ce serait bien là donner lieu à un scandale et rendre incertaine l'autonomie de tous les États.

6. *Aucun État, en guerre avec un autre ne doit se permettre des hostilités de nature à rendre impossible la confiance réciproque lors de la paix future, par exemple : l'emploi d'assassins* (percussores), *d'empoisonneurs* (venefici), *la violation d'une capitulation, la machination de trahison* (perduellio) *dans l'État avec lequel on est en guerre, etc.*

Ce sont-là des stratagèmes infâmes. Il faut, en effet, que, pendant la guerre même, il reste quelque confiance en la disposition d'esprit de l'ennemi, sans quoi l'on ne pourrait d'ailleurs conclure aucune paix et les hostilités dégénéreraient en une guerre d'extermination (*bellum internecinum*) ; la guerre n'étant qu'un triste moyen imposé par le besoin dans l'état de nature (là où n'existe aucune cour de justice pour pouvoir juger avec force de droit) afin de soutenir son droit par la violence ; aucune des deux parties ne peut en ce cas être qualifié d'ennemi injuste (cela présumant déjà une sentence de juge), mais c'est l'*issue* qui décide (tout comme dans les | jugements, dits de Dieu) de quel côté se trouve le droit ; on ne **347** peut d'ailleurs concevoir entre les États de guerre punitive (*bellum punitionum*) (parce qu'il n'existe pas entre eux de rapport de supérieur à subordonné). – D'où il suit qu'une guerre d'extermination où la destruction peut atteindre les deux parties à la fois et en même temps la destruction de tout droit, ne laisserait s'établir la paix perpétuelle que dans le grand cimetière de l'espèce humaine. Par conséquent, une guerre de ce genre doit être absolument illicite ainsi que

Daß aber die genannten Mittel unvermeidlich dahin führen, erhellt daraus: daß jene höllische Künste, da sie an sich selbst niederträchtig sind, wenn sie in Gebrauch gekommen, sich nicht lange innerhalb der Grenze des Krieges halten, wie etwa der Gebrauch der Spione (*uti exploratoribus*), wo nur die Ehrlosigkeit *anderer* (die nun einmal nicht ausgerottet werden kann) benutzt wird, sondern auch in den Friedenszustand übergehen und so die Absicht desselben gänzlich vernichten würden.

Obgleich die angeführte Gesetze objektiv, d.i. in der Intention der Machthabenden, lauter *Verbotgesetze* (*leges prohibitivae*) sind, so sind doch einige derselben von der strengen, ohne Unterschied der Umstände geltenden Art (*leges strictae*), die sofort auf Abschaffung dringen (wie Nr. 1, 5, 6); andere aber (wie Nr. 2, 3, 4), die zwar nicht als Ausnahmen von der Rechtsregel, aber doch in Rücksicht auf die Ausübung der selben, durch die Umstände, *subjektiv* für die Befugnis er weiternd (leges latae) sind und Erlaubnisse enthalten, die Vollführung *aufzuschieben,* ohne doch den Zweck aus den Augen zu verlieren, der diesen Aufschub, z. B. der *Wiedererstattung* der gewissen Staaten nach Nr. 2 entzogenen Freiheit, nicht auf den Nimmertag (wie August zu versprechen pflegte, *ad calendas graecas*) auszusetzen, mithin die Nichterstattung, sondern nur, damit sie nicht übereilt und so der Absicht selbst zuwider geschehe, die Verzögerung erlaubt. Denn das Verbot betrifft hier nur die *Erwerbungsart,* die fernerhin nicht gelten soll, aber nicht den *Besitzstand*, der, ob er zwar nicht den erforderlichen Rechtstitel hat, doch zu seiner Zeit (der putativen Erwerbung) nach der damaligen öffentlichen Meinung von allen Staaten für rechtmäßig gehalten wurde[1].

---

1. Ob es außer dem Gebot (*leges praeceptivae*) und Verbot (*leges prohibitivae*) noch *Erlaubnisgesetze* (*leges permissivae*) der reinen Vernunft geben | könne ist bisher nicht ohne Grund bezweifelt worden. Denn Gesetze überhaupt enthalten einen Grund objektiver praktischer Notwendigkeit, Erlaubnis aber einen der praktischen Zufälligkeit gewisser Handlungen;

l'usage des moyens qui l'entraînent. – Toutefois les susdits moyens y conduisent inévitablement, comme il résulte de ceci, que ces artifices infernaux, en soi ignobles quand on les emploie, ne se tiendraient pas longtemps dans les limites de la guerre (comme par exemple l'usage des espions (*uti explora-toribus*) où l'on n'use que de l'infamie d'*autrui* (qui ne pourra certes jamais être extirpée), mais passeraient aussi dans l'état de paix et en anéantiraient entièrement l'intention.

Bien que les lois precitées ne soient objectivement, c'est-à-dire dans les vues des potentats, que des lois *prohibitives* (*leges prohibitivae*), il y en a cependant quelques-unes du genre *strict*, valables sans considération des circonstances (*leges strictae*), et qui exigent une abrogation immédiate (comme n°1, 5, 6) ; d'autres (comme n°2, 3, 4) ne sont pas des exceptions à la règle de droit, toutefois, relativement à la *pratique*, elles sont, en raison des circonstances, *subjectivement* plus larges (*leges latae*) et disposent de la faculté d'*ajourner* l'exécution sans toutefois perdre de vue le but qui ne permet pas de remettre cet ajournement, par exemple la *restitution* de la liberté ôtée à certains États, selon le n°2, à une date qui n'arrivera jamais (c'est ainsi qu'Auguste avait coutume de promettre, *ad calendas græcas*) ; ce qui est autorisé, ce n'est donc pas la non-restitution, mais l'ajournement seul, afin qu'il n'y ait pas précipitation et que l'on n'agisse pas contre l'intention même. L'interdiction ne concerne ici que le *mode d'acquisition* qui ne doit plus jouer à l'avenir, mais nullement la *possession* qui, bien que n'ayant pas le titre légal qu'on exige, fut néanmoins en son temps (de l'acquisition putative) considérée selon l'opinion publique d'alors, par tous les États, comme légitime[1].

---

1. On a contesté jusqu'ici non sans raison qu'il y ait en dehors des commandements (*leges praeceptivae*) et des défenses (*leges prohibitivae*) encore des lois permissives (*leges permissivae*) de la raison pure. | Car des **348** lois contiennent en général un principe de nécessité objective pratique, mais

mithin würde ein *Erlaubnisgesetz* Nötigung zu einer Handlung zu dem, wozu jemand nicht genötigt werden kann, enthalten, welches, wenn das Objekt des Gesetzes in beiderlei Beziehung einerlei Bedeutung hätte, ein Widerspruch sein würde. – Nun geht aber hier im Erlaubnisgesetze das vorausgesetzte Verbot nur auf die künftige Erwerbungsart eines Rechts (z. B. durch Erbschaft), die Befreiung aber von diesem Verbot, d.i. die Erlaubnis, auf den gegenwärtigen Besitzstand, welcher letztere im Überschritt aus dem Naturzustande in den bürgerlichen als ein, obwohl unrechtmäßiger, dennoch *ehrlicher Besitz* (*possessio putativa*) nach einem Erlaubnisgesetz des Naturrechts noch fernerhin fortdauern kann; obgleich ein putativer Besitz, sobald er als ein solcher erkannt worden, im Naturzustande, imgleichen eine ähnliche Erwerbungsart im nachmaligen bürgerlichen (nach geschehenem Überschritt) verboten ist, welche Befugnis des fortdauernden Besitzes nicht stattfinden würde, wenn eine solche vermeintliche Erwerbung im bürgerlichen Zustande geschehen wäre; denn da würde, als Läsion, sofort nach Entdeckung seiner Unrechtmäßigkeit aufhören müssen.

Ich habe hiermit nur beiläufig die Lehrer des Naturrechts auf den Begriff einer *lex permissiva*, welcher sich einer systematisch-einteilenden Vernunft von selbst darbietet, aufmerksam machen wollen; vornehmlich da im Zivilgesetze (statutarischen) öfters davon Gebrauch gemacht wird, nur mit dem Unterschiede, daß das Verbotgesetz für sich allein dasteht, die Erlaubnis aber nicht als einschränkende Bedingung (wie es sollte) in jenes Gesetz mit hineingebracht, sondern unter die Ausnahmen geworfen wird. – Da heißt es dann: dies oder jenes wird verboten: es sei denn, Nr. 1, Nr. 2, Nr. 3, und so weiter ins Unabsehliche, da Erlaubnisse nur zufälligerweise nicht nach einem Prinzip, sondern durch Herumtappen unter vorkommenden Fällen, zum Gesetz hinzukommen; denn sonst hätten die Bedingungen in die *Formel des Verbotsgesetzes* mit hineingebracht werden müssen, wodurch es dann zugleich ein Erlaubnisgesetz geworden wäre. – Es ist daher zu bedauern, daß die sinnreiche, aber unaufgelöst gebliebene Preisaufgabe des ebenso weisen als scharfsinnigen *Herrn Grafen von Windischgrätz,* welche gerade auf das letztere drang, so bald verlassen worden. Denn die Möglichkeit einer solchen (der mathematischen ähnlichen) Formel ist der einzige echte Probierstein einer konsequent bleibenden Gesetzgebung, ohne welche das sogenannte *ius certum* immer ein frommer Wunsch bleiben wird. – Sonst wird man bloß *generale* Gesetze (die im allgemeinen gelten), aber keine universale (die allgemein gelten) haben, wie es doch der Begriff eines Gesetzes zu erfordern scheint.

une permission implique un principe de contingence pratique relativement à certaines actions ; par suite une *loi permissive* contiendrait une obligation à une action relativement à une chose à laquelle on ne peut obliger ; ce qui, si l'objet de la loi, sous les deux rapports, avait la même signification, serait contradictoire. – Toutefois dans la loi permissive en question, la défense présumée ne porte que sur le futur mode d'acquisition d'un droit (par exemple par hérédité) ; mais la libération de cette défense, c'est-à-dire la permission porte sur la possession actuelle qui, dans le passage de l'état de nature à l'état civil, peut se maintenir en tant que possession *de bonne foi* (*possessio putativa*) bien qu'illégitime d'après unc loi permissive du droit naturel ; encore qu'une possession putative, dès qu'elle est reconnue comme telle, est interdite dans l'état de nature, et il en va de même d'un semblable mode d'acquisition dans l'état civil postérieur (quand le passage est accompli) ; cette faculté toutefois de la continuité de la possession n'aurait pas lieu, si une prétendue acquisition de ce genre s'était produite dans l'état civil ; car, dans ce cas, elle devrait cesser comme lésion aussitôt après la découverte de son illégalité.

Je n'ai voulu qu'attirer incidemment l'attention des maîtres de droit naturel sur la notion d'une *lex permissiva* qui se présente spontanément à une raison qui divise systématiquement ; d'autant plus qu'on en fait souvent usage dans le droit civil (statutaire) avec cette différence toutefois que la loi prohibitive s'y trouve seule tandis que la permission n'est pas introduite dans cette loi en tant que condition restrictive (comme elle le devrait), mais se trouve rejetée parmi les exceptions. – Il y est dit alors : Ceci ou cela est interdit ; à la *réserve* du n°1, du n°2, du n°3, etc. à perte de vue, les permissions n'étant annexées à la loi qu'au hasard, non suivant un principe, mais par tâtonnement suivant les cas qui se présentent ; sans quoi les conditions auraient dû être insérées également dans la *formule de la loi prohibitive* qui serait ainsi devenue du même coup une loi permissive. – Il faut donc regretter que l'ingénieuse question mise au concours par l'aussi sage que pénétrant comte de Windischgraetz, où l'on insistait précisément sur ce dernier point, ait été si tôt abandonnée sans avoir été solutionnée. Car la possibilité d'une formule de ce genre (semblable aux formules mathématiques) est la seule véritable pierre de touche d'une législation qui demeure conséquente et hors laquelle le droit dit *jus certum* restera toujours à l'état de pieux désir. – Autrement l'on n'aura que des lois générales (valables *en général*), mais non des lois universelles (valables *d'une manière générale*) comme semble pourtant l'exiger la notion de loi.

| ZWEITER ABSCHNITT,

WELCHER DIE DEFINITIVARTIKEL ZUM

EWIGEN FRIEDEN UNTER STAATEN ENTHÄLT

Der Friedenszustand unter Menschen, die nebeneinander leben, ist kein Naturzustand (*status naturalis*), der vielmehr 349 ein Zustand des Krieges | ist, d.i. wenngleich nicht immer ein Ausbruch der Feindseligkeiten, doch immerwährende Bedrohung mit denselben. Er muß also *gestiftet* werden; denn die Unterlassung der letzteren ist noch nicht Sicherheit dafür, und ohne daß sie einem Nachbar von dem andern geleistet wird (welches aber nur in einem *gesetzlichen* Zustande geschehen kann), kann jener diesen, welchen er dazu aufgefordert hat, als einen Feind behandeln [1].

1. Gemeiniglich nimmt man an, daß man gegen niemand feindlich verfahren dürfe, als nur, wenn er mich schon tätig lädiert hat, und das ist auch ganz richtig, wenn beide im *bürgerlich-gesetzlichen* Zustande sind. Denn dadurch, daß dieser in denselben getreten ist, leistet er jenem (vermittelst der Obrigkeit, welche über beide Gewalt hat) die erforderliche Sicherheit. – Der Mensch aber (oder das Volk) im bloßen Naturstande benimmt mir diese Sicherheit und lädiert mich schon durch eben diesen Zustand, indem er neben mir ist, obgleich nicht tätig (*facto*), doch durch die Gesetzlosigkeit seines Zustandes (*statu iniusto*), wodurch ich beständig von ihm bedroht werde, und ich kann ihn nötigen, entweder mit mir in einen gemeinschaftlich-gesetzlichen Zustand zu treten, oder aus meiner Nachbarschaft zu weichen. –
349 Das | Postulat also was allen folgenden Artikeln zum Grunde liegt, ist:

| Deuxième section

CONTENANT LES ARTICLES DÉFINITIFS EN VUE DE LA PAIX

PERPÉTUELLE ENTRE LES États

L'état de paix entre des hommes vivants côte-à-côte, n'est pas un état de nature (*status naturalis*) ; celui-ci est bien plutôt un état de guerre ; | sinon toujours une ouverture d'hostilités, 349 cependant une menace permanente d'hostilités. Cet état de paix doit donc être *institué* ; car le fait de ne pas faire la guerre ne constitue pas une garantie et si cette dernière n'est pas fournie par un voisin à l'autre voisin (ce qui ne peut avoir lieu que dans un état *légal*), l'un peut traiter l'autre qu'il a sommé à cette fin, en ennemi [1].

---

1. On admet communément qu'on ne peut traiter en ennemi que celui-là seul qui nous a *lésé* effectivement ; ce qui est tout à fait exact si l'on se trouve de part et d'autre dans une condition de *législation civile*. Car, du fait que l'un se trouve dans cette condition, il fournit à l'autre la garantie requise (du fait de l'autorité à la puissance de laquelle ils sont l'un et l'autre soumis). – Or l'homme (ou le peuple), dans le pur état de nature, m'ôte cette garantie et me lèse en raison de cet état même, se trouvant à côté de moi, même sans agir (*facto*) par suite de sa condition anarchique (*statu injusto*), qui fait que je suis perpétuellement sous sa menace ; et je puis l'obliger soit à faire parti avec moi d'un état de communauté légale, soit à fuir mon voisinage. – Voici donc le postulat qui est à la base de tous les articles subséquents : Tous les hommes

Alle Menschen, die aufeinander wechselseitig einfließen können, müssen zu irgendeiner bürgerlichen Verfassung gehören.

Alle rechtliche Verfassung aber ist, was die Personen betrifft, die darin stehen,

1) die nach dem *Staatsbürgerrecht* der Menschen in einem Volke (*ius civitatis*),

2) nach dem *Völkerrecht* der Staaten in Verhältnis gegen einander (*ius gentium*),

3) die nach dem *Weltbürgerrecht,* sofern Menschen und Staaten in äußerem aufeinander einfließenden Verhältnis stehend, als Bürger eines allgemeinen Menschenstaats anzusehen sind (*ius cosmopoliticum*). Diese Einteilung ist nicht willkürlich, sondern notwendig in Beziehung auf die Idee vom ewigen Frieden. Denn wenn nur einer von diesen im Verhältnisse des physischen Einflusses auf den andern und doch im Naturstande wäre, so würde damit der Zustand des Krieges verbunden sein, von dem befreit zu werden hier eben die Absicht ist.

qui peuvent agir réciproquement les uns sur les autres doivent relever d'une constitution civile quelconque.

Or, toute constitution juridique, relativement aux personnes qui en relèvent, est établie :

1) D'après le *droit civique* des hommes, dans un peuple (*jus civitatis*).

2) D'après le *droit international*, des États, les uns par rapport aux autres (*jus gentium*).

3) D'après le *droit cosmopolitique* en tant que des hommes et des États, dans des conditions d'influence extérieures réciproques, doivent être considérés comme citoyens d'une cité humaine universelle (*jus cosmopoliticum*). – Cette division n'est point arbitraire, mais nécessaire relativement à l'idée de la paix perpétuelle. En effet si un seul de ceux qui sont avec d'autres dans le rapport d'influence physique, se trouve dans l'état de nature, l'état de guerre résulterait de cette condition même, état dont notre intention est précisément ici de nous délivrer.

ERSTER DEFINITIVARTIKEL

ZUM EWIGEN FRIEDEN

Die bürgerliche Verfassung in jedem Staate soll
republikanisch sein

Die erstlich nach Prinzipien der *Freiheit* der Glieder einer Gesellschaft (als Menschen); zweitens nach Grundsätzen der *Abhängigkeit* aller von einer einzigen gemeinsamen 350 Gesetzgebung (als Untertanen), und | drittens die nach dem Gesetz der Gleichheit derselben (als Staatsbürger) gestiftete Verfassung, – die einzige, welche aus der Idee des ursprünglichen Vertrags hervorgeht, auf der alle rechtliche Gesetzgebung eines Volks gegründet sein muß, ist die *republikanische*[1]. Diese ist also, was das Recht betrifft, an sich

---

1. *Rechtliche* (mithin äußere) *Freiheit* kann nicht wie man wohl zu tun pflegt, durch die Befugnis definiert werden: «alles zu tun, was man will, wenn man nur keinem unrecht tut». Denn was heißt Befugnis? Die Möglichkeit einer Handlung, sofern man dadurch keinem unrecht tut. Also würde die Erklärung so lauten: «Freiheit ist die Möglichkeit der Handlungen, dadurch man keinem unrecht tut. Man tut keinem unrecht (man mag auch tun, was man will), wenn man nur keinem unrecht tut»: folglich ist es leere Tautologie. -Vielmehr ist meine äußere (rechtliche) *Freiheit* so zu erklären: sie ist die Befugnis, keinen äußeren Gesetzen zu gehorchen, als zu denen ich meine Beistimmung habe geben können. – Ebenso ist äußere (rechtliche) *Gleichheit* in einem Staate dasjenige Verhältnis der Staatsbürger, nach welchem keiner den andern wozu rechtlich verbinden kann, ohne daß er sich zugleich dem Gesetz unterwirft, von diesem wechselseitig auf dieselbe Art auch verbunden werden zu können. (Vom Prinzip der *rechtlichen*

Dans tout État la constitution civile doit être républicaine

La constitution instituée premièrement suivant les principes de la *liberté* appartenant aux membres d'une société (en tant qu'hommes); deuxièmement, suivant les principes de la *dépendance* de tous, d'une unique législation commune (en tant que sujets) | et troisièmement, conformément à l'*égalité* **350** de ces sujets (comme citoyens), – seule constitution dérivant de l'idée du contrat primitif sur laquelle doit être fondée toute législation juridique d'un peuple, – c'est la constitution *républicaine*[1]. Celle-ci est donc, pour ce qui est du droit, en

---

1. On ne peut définir la *liberté légale* (donc extérieure), comme on a coutume de le faire, par la faculté «de faire tout ce qu'on veut, pourvu que l'on ne lèse pas le droit d'autrui». Mais que signifie en effet *faculté*? La possibilité d'un acte qui ne fait aucun tort à autrui. L'explication serait donc la suivante: «La liberté est la possibilité d'accomplir des actions par lesquelles il n'est fait à autrui aucun tort. On ne fait de tort à personne (quoi qu'on fasse), quand on ne fait de tort à personne». Il y a donc là une vaine tautologie. – Ma *liberté* extérieure (*légale*) doit bien plutôt se définir ainsi: Elle est la faculté de n'obéir à aucune loi extérieure, si ce n'est à celles auxquelles j'ai pu donner mon assentiment. De même l'*égalité* extérieure (légale) dans un État est le rapport des citoyens entre eux suivant lequel nul ne peut en obliger un autre juridiquement à une chose, s'il ne se soumet aussi à la loi de pouvoir être obligé par ce citoyen réciproquement de la même façon. (Il n'y a pas à expliquer le principe de dépendance *légale* puisque ce principe est déjà

selbst diejenige, welche allen Arten der bürgerlichen Konstitution ursprünglich zum Grunde liegt; und nun ist nur die Frage: ob sie auch die einzige ist, die zum ewigen Frieden hinführen kann?

Abhängigkeit, da dieses schon in dem Begriffe einer Staatsverfassung überhaupt liegt, bedarf es keiner Erklärung.) – Die Gültigkeit dieser angebornen, zur Menschheit notwendig gehörenden und unveräußerlichen Rechte wird durch das Prinzip der rechtlichen Verhältnisse des Menschen selbst zu höhern Wesen (wenn er sich solche denkt) bestätigt und erhoben, indem er sich nach ebendenselben Grundsätzen auch als Staatsbürger einer übersinnlichen Welt vorstellt. – Denn was meine Freiheit betrifft, so habe ich selbst in Ansehung der göttlichen, von mir durch bloße Vernunft erkennbaren Gesetze keine Verbindlichkeit, als nur sofern ich dazu selber habe meine Beistimmung geben können (denn durch's Freiheitsgesetz meiner eigenen Vernunft mache ich mir allererst einen Begriff vom göttlichen Willen). Was in Ansehung des erhabensten Weltwesens außer Gott, welches ich mir etwa denken möchte (einen großen *Äon*), das Prinzip der Gleichheit betrifft, so ist kein Grund da, warum, wenn ich in meinem Posten meine Pflicht tue, wie jener Äon es in dem seinigen, mir bloß die Pflicht zu gehorchen, jenem aber das Recht zu befehlen zukommen solle. – Daß dieses Prinzip der *Gleichheit* nicht (sowie das der Freiheit) auch auf das Verhältnis zu Gott paßt, davon ist der Grund dieser, weil dieses Wesen das einzige ist, bei dem der Pflichtbegriff aufhört.

Was aber das Recht der Gleichheit aller Staatsbürger als Untertanen betrifft, so kommt es in Beantwortung der Frage von der Zulässigkeit des 351 | *Erbadels* allein darauf an: «ob der vom Staat zugestandene Rang (eines Unterlans vor dem andern) vor dem *Verdienst,* oder dieses vor jenem vorhergehen müsse». – Nun ist offenbar: daß, wenn der Rang mit der Geburt verbunden wird, es ganz ungewiß ist, ob das Verdienst (Amtsgeschicklichkeit und Amtstreue) auch folgen werde; mithin ist es ebensoviel, als ob er ohne alles Verdienst dem Begünstigten zugestanden würde (Befehlshaber zu sein); welches der allgemeine Volkswille in einem ursprünglichen Vertrage (der doch das Prinzip aller Rechte ist) nie beschließen wird. Denn ein Edelmann ist darum nicht sofort ein edler Mann. - Was den *Amtsadel* (wie man den Rang einer höheren Magistratur nennen könnte, und den man sich durch Verdienste erwerben muß) betrifft, so klebt der Rang da nichl als Eigentum an der Person, sondern am Posten, und die Gleichheit wird dadurch nicht verletzt; weil, wenn jene ihr Amt niederlegt, sie zugleich den Rang ablegt und unter das Volk zurücktritt. -

soi la constitution qui sert de base à tous les genres de constitutions civiles et seule la question se pose de savoir si c'est aussi la seule pouvant conduire à la paix perpétuelle.

compris d'une manière générale dans la notion de constitution politique). – La validité de ces droits innés, nécessairement inhérents à l'humanité et inviolables, est confirmée et rehaussée par le principe des légitimes rapports de l'homme avec des Êtres supérieurs (s'il en conçoit de tels) puisqu'il se représente également d'après les mêmes principes comme citoyen d'un monde suprasensible. – Car en ce qui concerne ma liberté, je n'ai, même relativement aux loix divines que je ne puis connaître que par la seule raison, aucune obligation, si ce n'est en tant que j'ai pu moi-même y consentir (car c'est par la loi de liberté de ma propre raison, que je me fais tout d'abord une idée de la volonté divine). En ce qui concerne le principe d'égalité relativement à l'Être après Dieu le plus sublime dans le monde que je pourrais concevoir (un grand *Eon*), il n'y a pas de raison pour que, faisant à mon poste mon devoir, comme cet Eon le fait dans le sien, à moi seul revienne le devoir d'obéir et à lui celui de commander. – Toutefois ce principe d'*égalité* ne convient pas de même (comme aussi celui de la liberté) au rapport avec Dieu ; la raison en est que cet Être est le seul en qui cesse d'exister la notion du devoir.

Toutefois, en ce qui concerne le droit d'égalité de tous les citoyens, comme sujets, il importe seulement de savoir, quand on soulève la question de la possibilité d'admettre une | *noblesse héréditaire*, si le *rang* (qui place un **351** sujet au-dessus d'un autre) attribué par l'État doit précéder le *mérite* ou si celui-ci aura le pas sur lui. – Or, il est évident que, si à la naissance s'ajoute le rang, il est tout à fait incertain que le mérite (compétence et loyauté dans l'exercice des fonctions) s'ensuive aussi ; il en résulte qu'il en est comme si le rang était attribué à celui qui est en faveur sans avoir quelque mérite (par exemple le commandement) : or, c'est ce que la volonté générale du peuple n'admettra jamais dans un contrat primitif (qui est pourtant le principe de tous les droits) ; un noble en effet, n'est pas pour cette raison seule un homme *noble*. – En ce qui concerne la *noblesse de fonction* (comme on pourrait appeler le rang d'une magistrature supérieure et que l'on doit acquérir par son mérite), le rang n'en est pas attaché, comme une propriété, à la personne, mais bien à l'emploi, l'égalité n'est donc pas lésée par là ; parce que quand la personne, cesse ses fonctions, elle se démet en même temps de son rang et se confond dans le peuple.

351 | Nun hat aber die republikanische Verfassung außer der Lauterkeit ihres Ursprungs, aus dem reinen Quell des Rechtsbegriffs entsprungen zu sein, noch die Aussicht in die gewünschte Folge, nämlich den ewigen Frieden; wovon der Grund dieser ist. – Wenn (wie es in dieser Verfassung nicht anders sein kann) die Beistimmung der Staatsbürger dazu erfordert wird, um zu beschließen, « ob Krieg sein solle oder nicht », so ist nichts natürlicher als daß, da sie alle Drangsale des Krieges über sich selbst beschließen müßten (als da sind: selbst zu fechten; die Kosten des Krieges aus ihrer eigenen Habe herzugeben; die Verwüstung, die er hinter sich läßt, kümmerlich zu verbessern; zum Übermaße des Übels endlich noch eine den Frieden selbst verbitternde, nie [wegen naher, immer neuer Kriege) zu tilgende Schuldenlast selbst zu übernehmen], sie sich sehr bedenken werden, ein so schlimmes Spiel anzufangen: Dahingegen in einer Verfassung, wo der Untertan nicht Staatsbürger, die also nicht republikanisch ist, es die unbedenklichste Sache von der Welt ist, weil das Oberhaupt nicht Staatsgenosse, sondern Staatseigentümer ist, an seinen Tafeln, Jagden, Lustschlössern, Hoffesten u. dgl. durch den Krieg nicht das Mindeste einbüßt, diesen also wie eine Art von Lustpartie aus unbedeutenden Ursachen beschließen und der Anständigkeit wegen dem dazu allezeit fertigen diplomatischen Korps die Rechtfertigung desselben gleichgültig überlassen kann.

Damit man die republikanische Verfassung nicht (wie gemeiniglich geschieht) mit der demokratischen verwechsle, **352** muß folgendes bemerkt | werden. Die Formen eines Staates (*civitas*) können entweder nach dem Unterschiede der Personen, welche die oberste Staatsgewalt inne haben, oder nach der *Regierungsart* des Volks durch sein Oberhaupt, er mag sein welcher er wolle, eingeteilt werden; die erste heißt eigentlich die Form der Beherrschung (*forma imperii*), und es sind nur drei

| Or, la constitution républicaine, outre la limpidité de son 351 origine puisqu'elle est issue de la source pure qu'est la notion de droit, présente encore la perspective de la conséquence que nous désirons, à savoir la paix perpétuelle; en voici la raison. – Si (et il ne peut en être autrement dans cette constitution) l'assentiment des citoyens est exigé pour décider s'il y aura ou non la guerre, il sera tout naturel que, du moment qu'il leur faudrait décider de supporter tous les maux de la guerre (tels que : combattre en personne, subvenir aux frais de la guerre avec leur avoir propre; réparer péniblement les dévastations qu'elle entraîne après elle et, pour combler la mesure, se charger finalement du fardeau d'une dette qui remplira d'amertume la paix elle-même et qui ne pourra d'ailleurs jamais être acquittée à cause des guerres prochaines toujours nouvelles), ils réfléchiront mûrement avant d'entreprendre un jeu aussi pernicieux; tandis qu'au contraire dans une constitution où le sujet n'est pas un citoyen, qui par conséquent n'est pas républicaine, la guerre est la chose du monde qui demande le moins de réflexion, parce que le souverain n'est pas membre, mais possesseur de l'État et que la guerre ne lui cause pas le moindre dommage en ce qui concerne la table, la chasse, les châteaux d'agrément, les fêtes de cour, etc.; il peut donc la décider pour des causes futiles comme une sorte de partie de plaisir, et pour raisons de convenance abandonner avec indifférence le soin de la justifier au Corps diplomatique qui est toujours prêt à ce faire.

Afin de ne pas confondre (comme il arrive communément) la constitution républicaine avec la constitution démocratique, il y a lieu d'observer | ce qui suit. Les formes 352 d'un État (*civitas*) peuvent être divisées, soit selon la différence des personnes qui détiennent le pouvoir suprême, soit selon le *mode adopté* par le souverain pour *gouverner* le peuple, quel que soit d'ailleurs ce souverain. La première s'appelle proprement la forme de domination (*forma*

derselben möglich, wo nämlich entweder nur *Einer,* oder *Einige* unter sich verbunden, oder Alle zusammen, welche die bürgerliche Gesellschaft ausmachen, die Herrschergewalt besitzen (*Autokratie, Aristokratie und Demokratie,* Fürstengewalt, Adelsgewalt und Volksgewalt). Die zweite ist die Form der Regierung (*forma regiminis*) und betrifft die auf die Konstitution (den Akt des allgemeinen Willens, wodurch die Menge ein Volk wird) gegründete Art, wie der Staat von seiner Machtvollkommenheit Gebrauch macht: und ist in dieser Beziehung entweder *republikanisch* oder *despotisch.* Der *Republikanism* ist das Staatsprinzip der Absonderung der ausführenden Gewalt (der Regierung) von der gesetzgebenden; der Despotism ist das der eigenmächtigen Vollziehung des Staats von Gesetzen, die er selbst gegeben hat, mithin der öffentliche Wille, sofern er von dem Regenten als sein Privatwille gehandhabt wird. – Unter den drei Staatsformen ist die der *Demokratie* im eigentlichen Verstande des Worts notwendig ein *Despotism,* weil sie eine exekutive Gewalt gründet, da alle über und allenfalls auch wider Einen (der also nicht miteinstimmt), mithin alle, die doch nicht alle sind, beschließen; welches ein Widerspruch des allgemeinen Willens mit sich selbst und mit der Freiheit ist.

Alle Regierungsform nämlich, die nicht *repräsentativ* ist, ist eigentlich eine *Unform,* weil der Gesetzgeber in einer und derselben Person zugleich Vollstrecker seines Willens (so wenig wie das Allgemeine des Obersatzes in einem Vernunftschlusse zugleich die Subsumtion des Besondern unter jenem im Untersatze) sein kann; und wenngleich die zwei andern Staatsverfassungen sofern immer fehlerhaft sind, daß sie einer solchen Regierungsart Raum geben, so ist es bei ihnen doch wenigstens möglich, daß sie eine dem *Geiste* eines repräsentativen Systems gemäße Regierungsart annehmen, wie etwa Friedrich II. wenigstens sagte: er sei bloß der oberste

imperii) ; il y en a trois seulement de possible : ou bien un seul détient le pouvoir souverain, ou bien plusieurs unis entre eux, ou bien tous les citoyens ensemble (*autocratie, aristocratie, démocratie*, souveraineté du prince, de la noblesse, du peuple) ; la deuxième forme est celle du gouvernement (*forma regiminis*) et concerne la manière, fondée sur la constitution (l'acte de la volonté générale qui fait de la foule un peuple), dont l'État use de son pouvoir absolu ; à cet égard l'État est soit *républicain*, soit *despotique*. Le *Républicanisme* est le principe politique qui admet la séparation du pouvoir exécutif (gouvernement) et du pouvoir législatif ; le despotisme exécute de sa propre autorité les lois qu'il a édictées lui-même, c'est donc la volonté générale en tant qu'exercée par le souverain comme sa volonté privée. – Parmi ces trois formes d'État, la *forme démocratique*, au sens propre du mot, est nécessairement *despotique*, parce qu'elle fonde un pouvoir exécutif où tous prononcent sur un seul et en tout cas contre un seul (celui-ci n'étant pas par suite du même avis) ; tous décident par conséquent, qui ne sont pas pourtant tous ; ce qui met la volonté générale en contradiction avec elle-même ainsi qu'avec la liberté.

En effet, toute forme de gouvernement qui n'est pas *représentative* est proprement *informe* parce que le législateur peut être en une seule et même personne l'exécuteur également de sa volonté (et il doit l'être aussi peu que, dans un syllogisme, l'universel de la majeure peut être en même temps la subsomption du particulier sous elle dans la mineure) : et bien que les deux autres constitutions politiques soient toujours défectueuses en ce sens qu'elles permettent un pareil mode de gouvernement, il leur est cependant possible d'admettre un mode de gouvernement *conforme* à l'*esprit* d'un système représentatif ; c'est ainsi que Frédéric II *disait* du moins qu'il n'était que le serviteur le plus haut placé de

353 Diener des Staats [1], dahingegen die demokratische | es unmöglich macht, weil alles da Herr sein will. – Man kann daher sagen : je kleiner das Personale der Staatsgewalt (die Zahl der Herrscher), je größer dagegen die Repräsentation derselben, desto mehr stimmt die Staatsverfassung zur Möglichkeit des Republikanism, und sie kann hoffen, durch allmähliche Reformen sich dazu endlich zu erheben. Aus diesem Grunde ist es in der Aristokratie schon schwerer als in der Monarchie, in der Demokratie aber unmöglich, anders als durch gewaltsame Revolution zu dieser einzigen vollkommen rechtlichen Verfassung zu gelangen. Es ist aber an der Regierungsart [2] dem Volk ohne alle Vergleichung mehr gelegen, als an der Staatsform (wiewohl auch auf dieser ihre mehrere oder mindere Angemessenheit zu jenem Zwecke sehr viel ankommt). Zu jener aber, wenn sie dem Rechtsbegriffe gemäß sein soll, gehört das

1. Man hat die hohe Benennungen, die einem Beherrscher oft beigelegt werden (die eines göttlichen Gesalbten, eines Verwesers des göttlichen Willens auf Erden und Stellvertreters desselben) als grobe, schwindlig machende Schmeicheleien oft getadelt; aber mich dünkt, ohne Grund. -Weit
353 gefehlt, daß sie den Landes | herrn sollten hochmütig machen, so müssen sie ihn vielmehr in seiner Seele demütigen, wenn er Verstand hat (welches man doch voraussetzen muß) und es bedenkt, daß er ein Amt übernommen habe, was für einen Menschen zu groß ist, nämlich das Heiligste, was Gott auf Erden hat, das *Recht der Menschen* zu verwalten, und diesem Augapfel Gottes irgendworin zu nahe getreten zu sein, jederzeit in Besorgnis stehen muß.

2. Mallet du Pan rühmt in seiner genietönenden, aber hohlen und sachleeren Sprache : nach vieljähriger Erfahrung endlich zur Überzeugung von der Wahrheit des bekannten Spruchs des *Pope* gelangt zu sein : «Laß über die beste Regierung Narren streiten ; die bestgeführte ist die beste.» Wenn das soviel sagen soll : die am besten geführte Regierung ist am besten geführt, so hat er nach Swifts Ausdruck eine Nuß aufgebissen, die ihn mit einer Made belohnte ; soll es aber bedeuten, sie sei auch die beste Regierungsart, d.i. Staatsverfassung, so ist es grundfalsch ; denn Exempel von guten Regierungen beweisen nichts für die Regierungsart. – Wer hat wohl besser regiert als ein *Titus* und *Marcus Aurelius,* und doch hinterließ der eine einen *Domitian,* der andere einen *Commodus* zu Nachfolgern ; welches

l'État[1] ; mais c'est chose au contraire impossible | dans un régime démocratique parce que chacun veut y être le maître. – On peut donc dire par suite que plus le personnel de l'autorité gouvernementale est restreint (c'est-à-dire le nombre des gouvernants) et plus par contre la représentation en est grande, plus la constitution de l'État s'accorde avec la possibilité du républicanisme et peut enfin espérer d'y parvenir peu à peu par des réformes successives. Pour cette raison il est déjà plus difficile dans une aristocratie que dans une monarchie, mais absolument impossible dans une démocratie, de parvenir à cette constitution, la seule qui soit parfaitement conforme au droit, si ce n'est par révolution violente. Sans comparaison possible, c'est le mode de gouvernement qui importe au peuple, bien plus que la forme de l'État (quoique son plus ou moins de conformité au but en question ne soit rien moins que négligeable[2]). Or, pour que ce mode soit conforme

1. On a souvent blâmé les hautes qualifications données souvent à un souverain (telles que, oint du Seigneur, exécuteur de la volonté divine sur terre, représentant de Dieu) comme étant des flatteries grossières, propres à enivrer ; mais à mon sens, à tort. – Bien loin de rendre le souverain orgueilleux, elles doivent plutôt l'humilier en son âme, s'il a quelque intelligence (ce qu'il faut cependant présumer) et lorsqu'il pense qu'il s'est chargé d'une fonction trop lourde pour un homme, c'est-à-dire d'administrer ce que Dieu a sur terre de plus sacré, le *droit des hommes*, et qu'il doit toujours redouter d'avoir porté atteinte en quelque manière à ce qui est pour Dieu la prunelle de ses yeux.

2. Mallet du Pan se vante en son style emphatique, mais creux et vide, d'être enfin parvenu, après une expérience de beaucoup d'années, à se convaincre de la vérité de cette sentence connue, du fameux Pope : « Laissez les sots disputer sur le meilleur gouvernement ; le meilleur c'est le mieux dirigé ». Si cela veut dire que le gouvernement le mieux dirigé est le mieux dirigé, il a, pour parler comme Swift, cassé une noix qui l'a payé d'un ver ; mais si cela signifie que c'est aussi le meilleur mode de gouvernement, c'est-à-dire la meilleure constitution politique, c'est absolument faux, car des exemples de bons gouvernements ne prouvent rien en ce qui concerne le mode de gouvernement. – Qui donc a mieux gouverné qu'un Titus ou un Marc-Aurèle et cependant l'un eut pour successeur un Domitien et l'autre

repräsentative System, in welchem allein eine republikanische Regierungsart möglich, ohne welches sie (die Verfassung mag sein, welche sie wolle) despotisch und gewalttätig ist. – Keine der alten sogenannten Republiken hat dieses gekannt, und sie mußten sich darüber auch schlechterdings in den Despotism auflösen, der unter der Obergewalt eines Einzigen noch der erträglichste unter allen ist.

bei einer guten Staatsverfassung nicht hätte geschehen können, da ihre Untauglichkeit zu diesem Posten früh genug bekannt war, und die Macht des Beherrschers auch hinreichend war, um sie auszuschließen.

à la notion de droit, il faut que le système soit représentatif ; ce système seul rend possible un gouvernement républicain ; sans cette condition, il est despotique et arbitraire (quelle que puisse être d'ailleurs la constitution). – Aucun des gouvernements anciens appelés républiques n'a connu ce système et ils ont dû par suite se résoudre nécessairement en despotisme, mais, sous la puissance suprême d'un seul, c'est encore le plus facile à supporter.

un Commode ; ce qui n'aurait pas pu arriver avec une bonne constitution politique puisque leur incapacité pour leur poste fut assez tôt connue et que le pouvoir du souverain eût été suffisant pour les écarter.

| ZWEITER DEFINITIVARTIKEL

ZUM EWIGEN FRIEDEN

Das Völkerrecht soll auf einen Föderalism freier Staaten
gegründet sein

Völker als Staaten können wie einzelne Menschen beurteilt werden, die sich in ihrem Naturzustande (d.i. in der Unabhängigkeit von äußern Gesetzen) schon durch ihr Nebeneinandersein lädieren, und deren jeder um seiner Sicherheit willen von dem andern fordern kann und soll, mit ihm in eine der bürgerlichen ähnliche Verfassung zu treten, wo jedem sein Recht gesichert werden kann. Dies wäre ein *Völkerbund,* der aber gleichwohl kein Völkerstaat sein müßte. Darin aber wäre ein Widerspruch: weil ein jeder Staat das Verhältnis eines *Oberen* (Gesetzgebenden) zu einem *Unteren* (Gehorchenden, nämlich dem Volk) enthält, viele Völker aber in einem Staate nur ein Volk ausmachen würden, welches (da wir hier das Recht der *Völker* gegeneinander zu erwägen haben, sofern sie soviel verschiedene Staaten ausmachen und nicht in einem Staat zusammenschmelzen sollen) der Voraussetzung widerspricht.

Gleichwie wir nun die Anhänglichkeit der Wilden an ihre gesetzlose Freiheit, sich lieber unaufhörlich zu balgen, als sich einem gesetzlichen, von ihnen selbst zu konstituierenden Zwange zu unterwerfen, mithin die tolle Freiheit der vernünftigen vorzuziehen, mit tiefer Verachtung ansehen und als Rohigkeit, Ungeschliffenheit und viehische Abwürdigung der

| Deuxième article définitif

POUR LA PAIX PERPÉTUELLE

Le droit des gens doit être fondé sur un fédéralisme d'États libres

Les peuples, en tant qu'États, peuvent être jugés comme des individus ; dans leur état de nature (c'est-à-dire indépendants de lois extérieures) ils se lèsent mutuellement déjà du fait qu'ils sont voisins et chacun, en vue de sa sécurité, peut et doit exiger de l'autre qu'il se soumette avec lui à une constitution, semblable à la constitution civile où chacun peut voir son droit garanti. Ceci constituerait une *fédération de peuples* qui ne serait pas néanmoins nécessairement un État fédératif . Il y aurait cependant là une contradiction, tout État, en effet, comprend le rapport d'un *supérieur* (le législateur) à un *inférieur* (qui obéit, à savoir le peuple) mais beaucoup de peuples en un État ne constituerait qu'un peuple ce qui (puisque nous devons ici estimer les droits réciproques des *peuples* en tant qu'ils constituent un nombre déterminé d'États différents sans se confondre en un seul État) contredit l'hypothèse.

Or, comme nous considérons l'attachement des sauvages à leur liberté anarchique qui consiste à se combattre perpétuellement plutôt qu'à se soumettre à une contrainte établie par eux-mêmes, par suite à préférer une liberté sans frein à une liberté raisonnable, avec un profond mépris, en la

Menschheit betrachten, so, sollte man denken, müßten gesittete Völker (jedes für sich zu einem Staat vereinigt) eilen, aus einem so verworfenen Zustande je eher desto lieber herauszukommen. Statt dessen aber setzt vielmehr jeder *Staat* seine Majestät (denn Volksmajestät ist ein ungereimter Ausdruck) gerade darin, gar keinem äußeren gesetzlichen Zwange unterworfen zu sein, und der Glanz seines Oberhauptes besteht darin, daß ihm, ohne daß er sich eben selbst in Gefahr setzen darf, viele Tausende zu Gebot stehen, sich für eine Sache, die sie nichts angeht, aufopfern zu lassen[1], und der Unterschied der europäischen Wilden von den amerikanischen besteht hauptsächlich darin, daß da manche Stämme der letzteren von ihren Feinden gänzlich sind gegessen worden, die ersteren ihre Überwundenen besser zu benutzen wissen, als sie zu verspeisen, und lieber die Zahl ihrer

355 Untertanen, | mithin auch die Menge der Werkzeuge zu noch ausgebreiteteren Kriegen durch sie zu vermehren wissen.

Bei der Bösartigkeit der menschlichen Natur, die sich im freien Verhältnis der Völker unverhohlen blicken läßt (indessen daß sie im bürgerlich-gesetzlichen Zustande durch den Zwang der Regierung sich sehr verschleiert), ist es doch sehr zu verwundern, daß das Wort *Recht* aus der Kriegspolitik noch nicht als pedantisch ganz hat verwiesen werden können, und sich noch kein Staat erkühnt hat, sich für die letztere Meinung öffentlich zu erklären; denn noch werden *Hugo Grotius, Pufendorf, Vattel* u.a.m. (lauter leidige Tröster), obgleich ihr Kodex, philosophisch oder diplomatisch abgefaßt, nicht die mindeste *gesetzliche* Kraft hat oder auch nur haben kann (weil Staaten als solche nicht unter einem gemeinschaftlichen äußeren Zwange stehen), immer

---

1. So gab ein bulgarischer Fürst dem griechischen Kaiser der gutmütigerweise seinen Streit mit ihm durch einen Zweikampf ausmachen wollte zur Antwort: «Ein Schmied, der Zangen hat, wird das glühende Eisen aus den Kohlen nicht mit seinen Händen herauslangen.»

qualifiant de grossièreté, de brutalité et d'avilissement bestial de l'humanité, on pourrait penser que des peuples policés (chacun d'eux formant un État) devraient se hâter de sortir, et le plus tôt le mieux, d'une condition aussi abjecte. Tout au contraire chaque *État* fait bien plutôt consister sa Majesté (car majesté du peuple est une expression absurde) à ne se soumettre à aucune contrainte légale extérieure, et la gloire de son souverain consiste à pouvoir disposer, sans avoir à s'exposer au péril lui-même, de milliers de gens prêts à se sacrifier pour une cause qui ne les concerne pas[1]; et la différence entre les sauvages d'Europe et ceux d'Amérique consiste principalement en ceci que, si maintes tribus de ces sauvages ont été entièrement dévorés par leurs ennemis, les premiers savent mieux utiliser les vaincus que de les faire servir à leurs repas; ils préfèrent augmenter grâce à eux le nombre de leurs sujets, | par conséquent aussi la quantité des instruments à employer   **355** en vue de guerres encore plus importantes.

Quand on connaît la méchanceté de la nature humaine qui se montre ouvertement dans les libres relations des peuples (tandis que dans l'état civil et juridique elle se voile sous la contrainte du gouvernement), il est toutefois étonnant que le mot *droit* n'ait pas été encore tout à fait banni, comme pédantesque, de la politique guerrière et qu'aucun État n'ait encore eu l'audace de se ranger publiquement à cet avis; car on cite toujours ingénument *Hugo Grotius, Pufendorf, Vattel*, d'autres encore (tous, déplorables consolateurs), pour *justifier* une offensive de guerre, quoique leur code rédigé sous forme philosophique ou diplomatique n'ait pas et ne peut même pas avoir la moindre *force de loi* (parce que des États, comme tels ne sont soumis à aucune contrainte

---

1. C'est ainsi qu'un prince bulgare fit cette réponse à l'empereur grec qui désirait par bonté d'âme terminer leur conflit par un duel : « Un forgeron qui dispose de tenailles n'ira pas retirer des charbons ardents, le fer rouge, avec ses propres mains ».

treuherzig zur *Rechtfertigung* eines Kriegsangriffs angeführt, ohne daß es ein Beispiel gibt, daß jemals ein Staat durch mit Zeugnissen so wichtiger Männer bewaffnete Argumente wäre bewogen worden, von seinem Vorhaben abzustehen. – Diese Huldigung, die jeder Staat dem Rechtsbegriffe (wenigstens den Worten nach) leistet, beweist doch, daß eine noch größere, obzwar zurzeit schlum mernde, moralische Anlage im Menschen anzutreffen sei, über das böse Prinzip in ihm (was er nicht ableugnen kann) doch einmal Meister zu werden, und dies auch von andern zu hoffen; denn sonst würde das Wort *Recht* den Staaten, die sich einander befehden wollen, nie in den Mund kommen, es sei denn, bloß um seinen Spott damit zu treiben, wie jener gallische Fürst es erklärte: « Es ist der Vorzug, den die Natur dem Stärkern über den Schwächern gegeben hat, daß dieser ihm gehorchen soll. »

Da die Art, wie Staaten ihr Recht verfolgen, nie, wie bei einem äußeren Gerichtshofe, der Prozeß, sondern nur der Krieg sein kann, durch diesen aber und seinen günstigen Ausschlag, den *Sieg,* das Recht nicht entschieden wird, und durch den *Friedensvertrag* zwar wohl dem diesmaligen Kriege, aber nicht dem Kriegszustande (immer zu einem neuen Vorwand zu finden) ein Ende gemacht wird (den man auch nicht geradezu für ungerecht erklären kann, weil in diesem Zustande jeder in seiner eigenen Sache Richter ist), gleichwohl aber von Staaten nach dem Völkerrecht nicht eben das gelten kann, was von Menschen im gesetzlosen Zustande nach dem Naturrecht gilt, « aus diesem Zustande herausgehen zu sollen » (weil sie als Staaten innerlich schon eine rechtliche Verfassung haben und also dem Zwange 356 anderer, sie nach ihren Rechtsbegriffen unter | eine erweiterte gesetzliche Verfassung zu bringen, entwachsen sind), indessen daß doch die Vernunft vom Throne der höchsten moralisch gesetzgebenden Gewalt herab den Krieg als Rechtsgang schlechterdings verdammt, den Friedenszustand dagegen zur unmittelbaren Pflicht macht, welcher doch, ohne einen Vertrag der Völker unter sich, nicht gestiftet oder gesichert werden kann:

extérieure commune), il n'existe néanmoins pas un seul exemple qu'un État ait jamais été amené, par des arguments étayés sur les témoignages d'hommes de cette importance, à renoncer à ses projets. – Cependant cet hommage que tout État rend à la notion du droit (tout au moins en paroles) prouve qu'on peut rencontrer dans l'homme une disposition morale plus haute encore, quoiqu'elle sommeille pour le moment, qui lui permettra de se rendre maître un jour du mauvais principe en lui (qu'il nc peut renier), et de l'espérer aussi des autres ; le mot *droit* en effet, ne serait autrement jamais exprimé par les États qui veulent se combattre, à moins de vouloir s'en moquer, comme l'expliqua un jour ce prince gaulois en disant : « C'est le privilège que la nature a attribué au plus fort sur le plus faible de s'en faire obéir ».

Or, la méthode employée par les États pour poursuivre leur droit ne peut jamais être une procédure comme devant un tribunal extérieur, mais uniquement la guerre ; par laquelle toutefois, comme par son issue favorable, la *victoire*, il n'est rien décidé relativement au droit ; le *traité de paix*, il est vrai, met bien fin à la guerre présente (fin qu'on ne peut pas précisément considérer comme injuste, parcc que dans ces conditions, chacun est juge en sa propre cause), mais non à l'état de guerre (pour lequel il se trouve toujours un nouveau prétexte) ; néanmoins ce qui s'applique aux hommes dans l'état anarchique, suivant le droit naturel, ne peut s'appliquer aux États, suivant le droit des gens, à savoir « l'obligation de sortir de cette condition » (parce que, en tant qu'États, ils ont déjà une constitution légale interne, et échappent ainsi à la contrainte d'autres États qui voudraient les soumettre, suivant leurs notions de droit, | à une constitution légale élargie) ; 356 comme néanmoins la raison du haut du trône de la Puissance moralement législative suprême condamne absolument la guerre comme voie de droit et qu'elle fait par contre un devoir immédat de l'état de paix, état qui ne peut toutefois être institué ni garanti sans une convention mutuelle des peuples,

– so muß es einen Bund von besonderer Art geben, den man den *Friedensbund* (*foedus pacificum*) nennen kann, der vom *Friedensvertrag* (*pactum pacis*) darin unterschieden sein würde, daß dieser bloß einen Krieg, jener aber alle Kriege auf immer zu endigen suchte. Dieser Bund geht auf keinen Erwerb irgendeiner Macht des Staats, sondern lediglich auf Erhaltung und Sicherung der *Freiheit* eines Staats für sich selbst und zugleich anderer verbündeten Staaten, ohne daß diese doch sich deshalb (wie Menschen im Naturzustande) öffentlichen Gesetzen und einem Zwange unter denselben unterwerfen dürfen. – Die Ausführbarkeit (objektive Realität) dieser Idee der *Föderalität,* die sich allmählich über alle Staaten erstrecken soll und so zum ewigen Frieden hinführt, läßt sich darstellen. Denn wenn das Glück es so fügt: daß ein mächtiges und aufgeklärtes Volk sich zu einer Republik (die ihrer Natur nach zum ewigen Frieden geneigt sein muß) bilden kann, so gibt diese einen Mittelpunkt der föderativen Vereinigung für andere Staaten ab, um sich an sie anzuschließen und so den Freiheitszustand der Staaten gemäß der Idee des Völkerrechts zu sichern und sich durch mehrere Verbindungen dieser Art nach und nach immer weiter auszubreiten.

Daß ein Volk sagt: « Es soll unter uns kein Krieg sein; denn wir wollen uns in einen Staat formieren, d.i. uns selbst eine oberste gesetzgebende, regierende und richtende Gewalt setzen, die unsere Streitigkeiten friedlich ausgleicht », – das läßt sich verstehen. – Wenn aber dieser Staat sagt: « Es soll kein Krieg zwischen mir und andern Staaten sein, obgleich ich keine oberste gesetzgebende Gewalt erkenne, die mir mein, und der ich ihr Recht sichere », so ist es gar nicht zu verstehen, worauf ich dann das Vertrauen zu meinem Rechte gründen wolle, wenn es nicht das Surrogat des bürgerlichen Gesellschaftsbundes, nämlich der freie Föderalism ist, den die Vernunft mit dem Begriffe des Völkerrechts notwendig verbinden muß, wenn überall etwas dabei zu denken übrigbleiben soll.

il doit nécessairement se trouver une alliance d'une espèce particulière, qui peut s'appeler l'*alliance de la paix* (*fœdus pacificum*) ; elle différerait du *traité de paix* (*pactum pacis*) en ce que celui-ci veut simplement terminer une guerre, tandis que l'alliance de la paix prétend terminer pour toujours *toutes* les guerres. Elle ne se propose pas d'acquérir quelque puissance politique, mais uniquement de conserver et de garantir la *liberté* d'un État pour lui-même et d'autres États alliés en même temps, sans toutefois que ceux-ci aient pour cette raison à se soumettre (comme des hommes dans l'état de nature) à des lois publiques et à la contrainte exercée par elles. – La possibilité de réaliser (réalité objective) cette idée d'une *Fédération* qui s'étendrait peu à peu à tous les États conduisant ainsi à la paix perpétuelle peut se représenter. Car lorsqu'il résulte d'un effet de la fortune qu'un peuple puissant et éclairé peut se constituer en république (qui par nature doit incliner à la paix perpétuelle), celle-ci formera un centre pour l'union fédérative d'autres États afin qu'ils se joignent à elle, pour assurer ainsi l'état de liberté de ces États, conformément à l'idée du droit des gens, et pour s'étendre peu à peu toujours davantage grâce à plusieurs associations de ce genre.

Qu'un peuple dise : « Il n'y aura pas entre nous de guerre, car nous voulons former un État, c'est-à-dire établir au-dessus de nous un Pouvoir suprême, législatif, exécutif et judiciaire qui réglera pacifiquement nos conflits » – voilà qui se conçoit. – Mais si cet État disait : « Il ne doit pas y avoir de guerre entre moi et d'autres États bien que je ne reconnaisse aucun Pouvoir législatif suprême qui me garantisse mon droit, comme moi le sien », on ne voit pas du tout sur quoi je fonderais en ce cas la confiance en mon droit si ce n'est sur l'équivalent compensatoire du pacte social civil , c'est-à-dire le fédéralisme libre que la raison doit nécessairement relier à la notion du droit des gens si l'on veut d'une manière générale concevoir quelque idée sous ce terme.

Bei dem Begriffe des Völkerrechts, als eines Rechts zum Kriege, läßt sich eigentlich gar nichts denken (weil es ein Recht sein soll, nicht nach allgemein gültigen äußern, die 357 Freiheit jedes einzelnen einschränkenden | Gesetzen, sondern nach einseitigen Maximen durch Gewalt, was Recht sei, zu bestimmen), es müßte denn darunter verstanden werden: daß Menschen, die so gesinnt sind, ganz recht geschieht, wenn sie sich untereinander aufreiben und also den ewigen Frieden in dem weiten Grabe finden, das alle Greuel der Gewalttätigkeit samt ihren Urhebern bedeckt. – Für Staaten im Verhältnisse untereinander kann es nach der Vernunft keine andere Art geben, aus dem gesetzlosen Zustande, der lauter Krieg enthält, herauszukommen, als daß sie, ebenso wie einzelne Menschen, ihre wilde (gesetzlose) Freiheit aufgeben, sich zu öffentlichen Zwangsgesetzen bequemen und so einen (freilich immer wachsenden) *Völkerstaat* (*civitas gentium*), der zuletzt alle Völker der Erde befassen würde, bilden. Da sie dieses aber nach ihrer Idee vom Völkerrecht durchaus nicht wollen, mithin, was *in thesi* richtig ist, *in hypothesi* verwerfen, so kann an die Stelle der positiven Idee einer *Weltrepublik* (wenn nicht alles verloren werden soll) nur das negative Surrogat eines den Krieg abwehrenden, bestehenden und sich immer ausbreitenden Bundes den Strom der rechtscheuenden, feindseligen Neigung

Sous la notion de droit des gens, en tant que droit *à la guerre*, on ne peut en réalité rien concevoir (parce que l'on prétend y voir un droit de déterminer le droit, non selon des lois extérieures universellement valables, restreignant la liberté de chacun, | mais par la force selon des maximes 357 exclusives), à moins de la comprendre en ce sens qu'il est parfaitement juste que des hommes dans de telles dispositions se détruisent les uns les autres, trouvant ainsi la paix perpétuelle dans la vaste tombe qui recouvrira toutes les horreurs de la violence ainsi que leurs auteurs. – Des États en relations réciproques, ne peuvent sortir de l'état anarchique qui n'est autre chose que la guerre, d'aucune autre manière rationnelle qu'en renonçant, comme des particuliers, à leur liberté barbare (anarchique), en se soumettant à des lois publiques de contrainte, formant ainsi un *État des nations* (*civitas gentium*) qui (s'accroissant, il est vrai, constamment) engloberait finalement tous les peuples de la terre. Or, c'est ce que d'après leur conception du droit des gens, ils ne veulent pas du tout admettre et ils rejettent par conséquent *in hypothesi*, ce qui est juste *in thesi*; seul l'équivalent compensatoire, *négatif*, d'une *alliance* contre la guerre, alliance permanente, s'étendant toujours plus loin, peut (si l'on ne veut pas tout perdre) au lieu de l'idée positive d'une *république universelle* retenir le torrent des passions hostiles que le droit effarouche, mais le

aufhalten, doch mit beständiger Gefahr ihres Ausbruchs. (*Furor impius intus – fremit horridus ore cruento*. Virgil.) [1]

1. Nach einem beendigten Kriege, beim Friedensschlusse, möchte es wohl für ein Volk nicht unschicklich sein, daß nach dem Dankfeste ein Bußtag ausgeschrieben würde, den Himmel im Namen des Staats um Gnade für die große Versündigung anzurufen, die das menschliche Geschlecht sich noch immer zu Schulden kommen läßt, sich keiner gesetzlichen Verfassung im Verhältnis auf andere Völker fügen zu wollen, sondern stolz auf seine Unabhängigkeit lieber das barbarische Mittel des Krieges (wodurch doch das, was gesucht wird, nämlich das Recht eines jeden Staats nicht ausgemacht wird) zu gebrauchen. – Die Dankfeste während dem Kriege über einen erfochtenen Sieg, die Hymnen, die (auf gut israelitisch) dem *Herrn der Heerscharen* gesungen werden, stehen mit der moralischen Idee des Vaters der Menschen in nicht minder starkem Kontrast, weil sie außer der Gleichgültigkeit wegen der Art, wie Völker ihr gegenseitiges Recht suchen (die traurig genug ist), noch eine Freude hineinbringen, recht viel Menschen oder ihr Glück zernichtet zu haben. *Aenëis* I, 294-296.

danger qu'elles éclatent est toujours à redouter. (*Furor impius intus, fremit horridus ore cruento* – Virgile [1]).

1. Au terme d'une guerre, à la conclusion de la paix, il conviendrait sans doute pour un peuple de fixer, après les actions de grâces, une journée de pénitence afin de demander pardon au Ciel, au nom de l'État, pour le grand péché dont le genre humain se rend toujours encore coupable, en ne consentant pas à se soumettre dans ses relations entre les peuples à une constitution légale, usant au contraire, dans son indépendance superbe, plutôt du barbare moyen de la guerre (moyen qui ne résout pas d'ailleurs ce qui est en question, le droit de chaque État). Les actions de grâces durant la guerre pour célébrer les *victoires* remportées, les hymnes chantés (suivant la bonne tradition israélite) en l'honneur du *Dieu des armées*, forment avec l'idée morale du Père des hommes un contraste non moins frappant; parce que, outre l'indifférence (suffisamment déplorable) à l'égard de la façon dont les peuples revendiquent leurs droits réciproques, ils y introduisent encore un motif de joie, celui d'avoir détruit beaucoup d'hommes ou leur bonheur. Énnéide, I, 294-296.

Das Weltbürgerrecht *soll auf Bedingungen der allgemeinen Hospitalität eingeschränkt sein*

Es ist hier, wie in den vorigen Artikeln, nicht von Philanthropie, sondern vom *Recht* die Rede, und da bedeutet **358** *Hospitalität* (Wirtbarkeit) | das Recht eines Fremdlings, seiner Ankunft auf dem Boden eines andern wegen von diesem nicht feindselig behandelt zu werden. Dieser kann ihn abweisen, wenn es ohne seinen Untergang geschehen kann; solange er aber auf seinem Platz sich friedlich verhält, ihm nicht feindlich begegnen. Es ist kein *Gastrecht,* worauf dieser Anspruch machen kann (wozu ein besonderer wohltätiger Vertrag erfordert werden würde, ihn auf eine gewisse Zeit zum Hausgenossen zu machen), sondern ein *Besuchsrecht,* welches allen Menschen zusteht, sich zur Gesellschaft anzubieten vermöge des Rechts des gemeinschaftlichen Besitzes der Oberfläche der Erde, auf der als Kugelfläche sie sich nicht ins Unendliche zerstreuen können, sondern endlich sich doch nebeneinander dulden müssen, ursprünglich aber niemand an einem Orte der Erde zu sein mehr Recht hat, als der andere. – Unbewohnbare Teile dieser Oberfläche, das Meer und die Sandwüsten, trennen diese Gemeinschaft, doch so, daß das *Schiff* oder das *Kamel* (das *Schiff* der Wüste) es möglich machen, über diese herrenlosen Gegenden sich einander zu nähern und das Recht der *Oberfläche*, welches der Menschengattung gemeinschaftlich zukommt, zu einem möglichen Verkehr zu benutzen. Die Unwirtbarkeit der

TROISIÈME ARTICLE DÉFINITIF

POUR LA PAIX PERPÉTUELLE

Le droit cosmopolitique *doit se restreindre aux conditions de l'*hospitalité *universelle*

Comme dans les articles précédents, il est ici question non pas de philanthropie, mais du *droit*. *Hospitalité* | signifie donc 358 ici le droit qu'a l'étranger, à son arrivée dans le territoire d'autrui, de ne pas y être traité en ennemi. On peut ne pas le recevoir si cela n'entraîne pas sa ruine ; mais on ne doit pas se montrer hostile envers lui aussi longtemps qu'il se tient paisiblement à sa place. L'étranger ne peut invoquer un *droit d'accueil*, – car on exigerait alors un contrat particulier de bienfaisance qui ferait de lui pour quelque temps un habitant de la maison – mais un *droit de visite*, le droit qu'a tout homme de se proposer comme membre de la société, en vertu du droit de commune possession de la surface de la terre sur laquelle, en tant que sphérique, ils ne peuvent se disperser à l'infini ; il faut donc qu'ils se supportent les uns à côté des autres, personne n'ayant originairement le droit de se trouver à un endroit de la terre plutôt qu'à un autre. – Des contrées inhabitables de cette surface, la mer et les déserts de sable séparent cette communauté ; toutefois les *vaisseaux* et les *chameaux* (les *vaisseaux* du désert) permettent de se rapprocher à travers ces contrées sans possesseur et d'utiliser pour un commerce possible le droit à la *surface* qui appartient en commun à l'espèce humaine. L'inhospitalité des côtes

Seeküsten (z. B. der Barbaresken), Schiffe in nahen Meeren zu rauben oder gestrandete Schiffsleute zu Sklaven zu machen, oder die der Sandwüsten (der arabischen Beduinen), die Annäherung zu den nomadischen Stämmen als ein Recht anzusehen, sie zu plündern, ist also dem Naturrecht zuwider, welches Hospitalitätsrecht aber, d.i. die Befugnis der fremden Ankömmlinge sich nicht weiter erstreckt, als auf die Bedingungen der Möglichkeit, einen Verkehr mit den alten Einwohnern zu *versuchen*. – Auf diese Art können entfernte Weltteile miteinander friedlich in Verhältnisse kommen, die zuletzt öffentlich gesetzlich werden und so das menschliche Geschlecht endlich einer weltbürgerlichen Verfassung immer näher bringen können.

Vergleicht man hiermit das *inhospitale* Betragen der gesitteten, vornehmlich handeltreibenden Staaten unseres Weltteils, so geht die Ungerechtigkeit, die sie in dem Besuche fremder Länder und Völker (welches ihnen mit dem *Erobern* derselben für einerlei gilt) beweisen, bis zum Erschrecken weit. Amerika, die Negerländer, die Gewürzinseln, das Kap usw. waren bei ihrer Entdeckung für sie Länder, die keinem angehörten; denn die Einwohner rechneten sie für nichts. In Ostindien (Hindustan) brachten sie unter dem Vorwande bloß beabsichtigter Handelsniederlagen fremde Kriegsvölker hinein, 359 mit ihnen aber Unterdrückung | der Eingebornen, Aufwiegelung der verschiedenen Staaten desselben zu weit ausgebreiteten Kriegen, Hungersnot, Aufruhr, Treulosigkeit, und wie die Litanei aller Übel, die das menschliche Geschlecht drücken, weiter lauten mag.

maritimes (par exemple des côtes barbaresques) où l'on s'empare des navires dans les mers avoisinantes, et où l'on réduit en esclavage les marins échoués; ou bien celle des déserts de sable (des Bédouins arabes) où l'on considère comme un droit de piller ceux qui approchent des tribus nomades, sont donc contraires au droit naturel : toutefois ce droit d'hospitalité, c'est-à-dire cette faculté des étrangers qui arrivent, n'excède pas les conditions qu'exige la possibilité d'*essayer* d'établir des relations avec les premiers habitants. – C'est ainsi que des continents éloignés peuvent se mettre pacifiquement en rapport; ces rapports peuvent finalement se réglementer publiquement et rapprocher toujours davantage le genre humain d'une constitution cosmopolitique.

Si l'on compare maintenant avec cette condition la conduite *inhospitalière* des États policés, notamment des États commerçants de notre partie du monde, l'injustice dont ils font preuve quand ils *visitent* des pays et des peuples étrangers (visites qu'ils confondent d'ailleurs avec *conquête*), va si loin qu'on en est effrayé. L'Amérique, les pays des nègres, les îles à épices, le Cap, etc., lorsqu'ils les découvrirent, furent considérés par eux comme n'appartenant à personne, parce qu' ils ne tenaient aucun compte des habitants. Dans les Indes orientales (l'Hindoustan), ils introduisirent des troupes étrangères sous prétexte de n'établir que des comptoirs commerciaux, et avec ces troupes on opprima | les indigènes, on provoqua entre les divers États de ce pays **359** des guerres considérables et par suite des famines, insurrections, perfidies et toute la litanie des maux quels qu'ils soient, qui désolent l'humanité.

China[1] und Japan (*Nippon*), die den Versuch mit solchen
Gästen gemacht hatten, haben daher weislich, jenes zwar den

1. Um dieses große Reich mit dem Namen, womit es sich selbst benennt,
zu schreiben (nämlich *China,* nicht Sina, oder einen diesem ähnlichen Laut),
darf man nur Georgii *Alphab. Tibet.* pag. 651-654, vornehmlich *Nota b* unten,
nachsehen. – Eigentlich führt es, nach des Petersburger Prof. *Fischer*
Bemerkung, keinen bestimmten Namen, womit es sich selbst benennt; der
gewöhnlichste ist noch der des Worts *Kin,* nämlich Gold (welches die
Tibetaner mit Ser ausdrücken), daher der Kaiser König des *Goldes* (des
herrlichsten Landes von der Welt) genannt wird, welches Wort wohl im
Reiche selbst wie *Chin* lauten, aber von den italienischen Missionarien (des
Gutturalbuchstabens wegen) wie *Kin* ausgesprochen sein mag. – Hieraus
ersieht man dann, daß das von den Römern sogenannte Land der *Serer* China
war, die Seide aber über *Groß*-Tibet (vermutlich durch *Klein*-Tibel und die
Bucharei über Persien, so weiter) nach Europa gefördert worden, welches zu
manchen Betrachtungen über das Altertum dieses erstaunlichen Staats, in
Vergleichung mit dem von Hindustan, bei der Verknüpfung mit Tibet und
durch dieses mit Japan hinleitet; indessen daß der Name Sina oder Tschina,
den die Nachbarn diesem Lande geben sollen, zu nichts hinführt. – Vielleicht
läßt sich auch die uralte, obzwar nie recht bekannt gewordene, Gemeinschaft
Europens mit Tibet aus dem, was uns *Hesychius* hiervon aufbehalten hat,
nämlich dem Zuruf Κονξ ομπαξ (*Konx Ompax*) des Hierophanten in den
Eleusinischen Geheimnissen erklären. (S. Reise des jüngeren Anacharsis, 5.
360 Teil, S. 447 u. f.) – Denn nach Georgii | *Alph. Tibet.* bedeutet das Wort
Concioa Gott, welches eine auffallende Ähnlichkeit mit *Konx* hat. *Pha-ciò*
(ib. p. 520), welches von den Griechen leicht wie *pax* ausgesprochen werden
konnte, *promulgator legis,* die durch die ganze Natur verteilte Gottheit (auch
Cenresi genannt, p. 177). *Om* aber, welches La Croze durch *benedictus,*
gesegnet, übersetzt, kann, auf die Gottheit angewandt, wohl nichts anderes
als den *Seliggepriesenen* bedeuten, p. 507. Da nun P. *Franz. Horatius* von
den tibetanischen *Lamas,* die er oft befrug, was sie unter Gott (*Concioa*)
verständen, jederzeit die Antwort bekam: «*Es ist die Versammlung aller
Heiligen*» (d.i. der seligen, durch die Lamaische Wiedergeburt nach vielen
Wanderungen durch allerlei Körper endlich in die Gottheit zurückgekehrten,
in *Burchane,* d.i. anbetungswürdige Wesen verwandelten Seelen p. 223),
so wird jenes geheimnisvolle Wort: *Konx Ompax,* wohl das *heilige* (*Konx*),
selige (*Om*) *und weise* (*Pax*), durch die Welt überall verbreitete höchste
Wesen (die personifizierte Natur) bedeuten sollen und, in den griechischen
Mysterien gebraucht, wohl den *Monotheism* für die Epopten, im Gegensatz
mit dem *Polytheism* des Volks angedeutet haben; obwohl P. *Horatius*

La Chine[1] et le Japon (*Nippon*) qui avaient appris à connaître ces hôtes, ont en conséquence agi sagement en

---

1. Pour écrire le nom de ce grand empire, comme il se le donne lui-même (à savoir *Chine* et non *Sine* ou quelque autre vocable similaire), il suffit de consulter Georgii, *Alphab. Tibet,* p. 651-654, notamment la *note b* au bas. – À vrai dire, suivant la remarque du professeur petersbourgeois FISCHER, la Chine ne porte pas de nom déterminé par lequel elle se désigne elle-même, le nom le plus courant est encore l'appellation *Kin* qui veut dire or (terme que les Thibétains rendent par *Ser*), c'est pourquoi l'empereur est appelé roi de l'*Or* (du plus beau pays du monde) ; il se peut bien que dans l'empire ce mot se prononce comme *Chin*, mais les missionnaires italiens l'ont sans doute prononcé Kin (à cause de la gutturale). – On voit par là que le pays appelé par les Romains pays des *Sères* était la Chine, mais que la soie fut importée en Europe en passant par le *Grand Tibet* (sans doute à travers le *Petit Tibet* et la Boukharie, par delà la Perse, etc.) ce qui nous conduit à faire maintes réflexions sur l'antiquité de cet étrange État comparé à l'Hindoustan, et rattaché au Tibet, et par là au Japon ; alors que le nom de Sine ou Tchine que, dit-on, les voisins donnent à ce pays, ne conduit à aucun résultat. – Peut-être aussi que l'antique rapport de l'Europe avec le Tibet, qui ne fut jamais bien connu, peut s'expliquer par ce que Hesychius nous en a conservé, à savoir l'appel Κονξ ομπαξ (*Konx Ompax*) de l'Hiérophante dans les Mystères d'Eleusis (cf. *Voyage du jeune Anacharsis*, 5ᵉ partie, p. 447 *sq.*). – En effet, d'après Georgii, *Alph. Tibet*, le mot *Concioa* signifie Dieu et ce mot ressemble singulièrement à *Konx, Pah-cio* (*ibid.* p. 520) que les Grecs pouvaient facilement prononcer comme *pax, promulgator legis*, était la divinité répandue dans toute la nature (appelée aussi *Cencresi*, p. 177). *Om* que La Croze traduit par *benedictus* béni, ne peut guère, rapporté à la divinité, signifier autre chose que celui qui est *glorifié bienheureux*, p. 507. Or, le P. Franz Horatius, ayant souvent demandé aux Lamas tibétains ce qu'ils entendaient par Dieu (*Concioa*), reçut constamment cette réponse : « c'est *la réunion de tous les Saints*» (c'est-à-dire des âmes bienheureuses rentrées enfin, grâce à la nouvelle naissance lamaïque, et après beaucoup de migrations à travers toutes sortes de corps, dans le sein de la Divinité, transformées en *Burchane*, qui sont des êtres adorables, p. 223) ; ainsi ce mot mystérieux *Konx Ompax* veut dire sans doute l'Être *saint* (*Konx*), *bienheureux* (*Om*) et *Sage* (*Pax*), l'Être suprême répandu par tout l'Univers (la nature personnifiée) ; et dans les mystères grecs, son emploi signifiait sans doute pour les Epoptes le *monothéisme* par opposition au *Polythéisme*

Zugang, aber nicht den Eingang, dieses auch den ersteren nur einem einzigen europäischen Volk, den Holländern, erlaubt, die sie aber doch dabei wie Gefangene von der Gemeinschaft mit den Eingebornen ausschließen. Das Ärgste hierbei (oder aus dem Standpunkte eines moralischen Richters betrachtet das Beste) ist, daß sie dieser Gewalttätigkeit nicht einmal froh werden, daß alle diese Handlungsgesellschaften auf dem Punkte des nahen Umsturzes stehen, daß die Zuckerinseln, dieser Sitz der allergrausamsten und ausgedachtesten Sklaverei, keinen wahren Ertrag abwerfen, sondern nur mittelbar und zwar zu einer nicht sehr löblichen Absicht, nämlich zu Bildung der Matrosen für Kriegsflotten und also wieder zu Führung der Kriege in Europa dienen, und dieses Mächten, die von der Frömmigkeit viel Werks machen, und, indem sie Unrecht wie Wasser trinken, sich in der Rechtgläubigkeit für Auserwählte gehalten wissen wollen.

360 | Da es nun mit der unter den Völkern der Erde einmal durchgängig überhand genommenen (engeren oder weiteren) Gemeinschaft so weit gekommen ist, daß die Rechtsverletzung an *einem* Platz der Erde an *allen* gefühlt wird: so ist die Idee eines Weltbürgerrechts keine phantastische und überspannte Vorstellungsart des Rechts, sondern eine notwendige Ergänzung des ungeschriebenen Kodex sowohl des Staats- als Völkerrechts zum öffentlichen Menschenrechte überhaupt, und so zum ewigen Frieden, zu dem man sich in der kontinuierlichen Annäherung zu befinden nur unter dieser Bedingung schmeicheln darf.

(a.a. O.) hierunter einen *Atheism* witterte. – Wie aber jenes geheimnisvolle Wort über Tibet zu den Griechen gekommen, läßt sich auf obige Art erklären und umgekehrt dadurch auch der frühe Verkehr Europens mit China über Tibet (vielleicht eher noch als mit Hindustan) wahrscheinlich machen.

permettant la première, il est vrai, l'accès, mais non l'entrée, le second, l'accès aussi, mais à un seul peuple européen, les Hollandais, qu'ils excluent d'ailleurs comme des captifs de toute fréquentation avec les Indigènes. Le pis (ou le mieux, en se plaçant au point de vue d'un juge des mœurs) est qu'ils ne tirent même aucun profit de ces procédés violents, que toutes ces compagnies commerciales sont près de leur ruine, que les îles à sucre, où s'est établi l'esclavage le plus cruel et le plus raffiné ne produisent pas de bénéfice réel et ne servent, indirectement il est vrai, qu'à une fin très peu louable, à savoir à la formation de marins pour les flottes de guerre, par conséquent à l'entretien des guerres européennes ; et elles rendent ce service à des puissances qui font grand bruit de leur piété et qui, tandis qu'elles s'abreuvent d'iniquités, veulent être considérées comme des vases d'élection en fait d'orthodoxie.

| Or, comme les relations (plus ou moins étroites ou **360** larges), prévalant désormais communément entre les peuples de la terre, en sont au point qu'une violation du droit en *un seul* lieu est ressentie *partout* ailleurs, il s'ensuit que l'idée d'un droit cosmopolitique n'apparaît plus comme une manière chimérique et exagérée de concevoir le droit, mais comme un complément nécessaire au code non écrit du droit public et du droit des gens, afin de réaliser le droit public de l'humanité en général et par suite la paix perpétuelle dont on ne peut se flatter de se rapprocher sans cesse qu'à cette condition.

du peuple ; quoique le P. HORATIUS (l. c.) flairât là-dessous un *athéisme* quelconque. – Quant à la manière dont ce mot mystérieux est parvenu à travers le Tibet jusque chez les Grecs, on peut l'expliquer comme ci-dessus et inversement rendre ainsi vraisemblables également les antiques relations de l'Europe avec la Chine à travers le Tibet (relations peut être encore antérieures aux relations avec l'Hindoustan).

Das, was diese *Gewähr* (Garantie) leistet, ist nichts Geringeres als die große Künstlerin *Natur* (*natura daedala rerum* [Lukrez, *De rerum natura*, V, 234]), aus deren mechanischem Laufe sichtbarlich Zweckmäßigkeit hervorleuchtet, durch die Zwietracht der Menschen Eintracht selbst wider ihren Willen emporkommen zu lassen, und darum, gleich als Nötigung einer ihren Wirkungsgesetzen | nach uns unbekannten Ursache, *Schicksal,* bei Erwägung aber ihrer Zweckmäßigkeit im Laufe der Welt, als tiefliegende Weisheit einer höheren, auf den objektiven Endzweck des menschlichen Geschlechts gerichteten und diesen Weltlauf präde terminierenden Ursache, Vorsehung[1]

1. Im Mechanism der Natur, wozu der Mensch (als Sinnenwesen) mit gehört, zeigt sich eine ihrer Existenz schon zum Grunde liegende Form, die wir uns nicht anders begreiflich machen können, als indem wir ihr den Zweck eines sie vorher bestimmenden Welturhebers unterlegen, dessen Vorherbestimmung wir die (göttliche) *Vorsehung* überhaupt und, sofern sie in den *Anfang* der Welt gelegt wird, die gründende (*providentia conditrix; semel jussit, semper parent, Augustin.*), im Laufe der Natur aber diesen nach allgemeinen Gesetzen der Zweckmäßigkeit zu erhalten, die *waltende Vorsehung* (*providentia gubernatrix*), ferner zu besonderen, aber von dem Menschen nicht vorherzusehenden, sondern nur aus dem Erfolg vermuteten Zwecken, die leitende (*providentia directrix*), endlich sogar in Ansehung einzelner Begebenheiten als göttlicher Zwecke nicht mehr Vorsehung, sondern Fügung (*directio extraordinaria*) nennen, welche aber (da sie in der

361

DE LA GARANTIE DE LA PAIX PERPÉTUELLE

Le garant qui fournit cette *sûreté* (garantie) n'est rien moins que la grande ouvrière la *nature* (*natura daedala rerum* [Lucrèce, *De rerum natura*, V, 234]) sous le cours mécanique de laquelle on voit briller de la finalité qui fait surgir du sein même de la discorde parmi les hommes, et malgré leur volonté, la concorde; on lui a donné par suite le nom de *Destin*, comme obligation résultant d'une cause dont les lois, qui en règlent l'activité, | nous sont inconnues; mais en 361 considérant la finalité dont elle fait preuve dans le cours des choses, on lui a donné le nom de *Providence*[1] en tant que

---

1. Dans le mécanisme de la nature dont l'homme fait partie (comme être sensible) se montre une forme qui sert déjà de base à son existence; nous ne pouvons mieux nous la rendre intelligible qu'en lui donnant comme fondement le but fixé par un Auteur du monde qui l'a prédéterminée; nous appelons cette prédétermination *Providence* (divine) généralement, et, reportée au *commencement* du monde Providence *fondatrice* (*Providentia conditrix : semel jussit, semper paret*, Augustin); mais en tant que maintenant le cours de la nature, suivant des lois universelles de finalité *Providence régnante* (*Providentia gubernatrix*), *Providence directrice* (*Providentia directrix*) s'il s'agit de fins particulières que les hommes ne peuvent prévoir, mais simplement présumer d'après l'événement; enfin non plus Providence, mais conjoncture (*directio extraordinaria*), si nous considérons des événements particuliers comme fins divines: toutefois vouloir l'envisager

Tat auf Wunder hinweist, obgleich die Begebenheiten nicht so genannt werden) als solche erkennen zu wollen, törichte Vermessenheit des Menschen ist; weil aus einer einzelnen Begebenheit auf ein besonderes Prinzip der wirkenden Ursache (daß diese Begebenheit Zweck und nicht bloß naturmechanische Nebenfolge aus einem anderen, uns ganz unbekannten Zwecke sei) zu schließen ungereimt und voll Eigendünkel ist, so fromm und demütig auch die Sprache hierüber lauten mag. – Ebenso ist auch die Einteilung der Vorsehung (*materialiter* betrachtet), wie sie auf *Gegenstände* in der Welt geht, in die *allgemeine* und *besondere,* falsch und sich selbst widersprechend (daß sie z. B. zwar eine Vorsorge zur Erhaltung der Gattungen der Geschöpfe sei, die Individuen aber dem Zufall überlasse); denn sie wird eben in der Absicht allgemein genannt, damit kein einziges Ding als davon ausgenommen gedacht werde. – Vermutlich hat man hier die Einteilung der Vorsehung (*formaliter* betrachtet) nach der Art der Ausführung ihrer Absicht gemeint: nämlich in *ordentliche* (z. B. das jährliche Sterben und Wiederaufleben der Natur nach dem Wechsel der Jahreszeiten) und *außerordentliche* (z. B. die Zuführung des Holzes an die Eisküsten, das da nicht wachsen kann, durch die Meerströme für die dortigen Einwohner, die ohne das nicht leben könnten), wo, ob wir gleich die physischmechanische Ursache dieser Erscheinungen uns gut erklären können (z. B. durch die mit Holz bewachsenen Ufer der Flüsse der temperierten Länder, in welche jene Bäume hineinfallen und etwa durch den Golfstrom weiter verschleppt werden), wir dennoch auch die teleologische nicht übersehen müssen, die auf die Vorsorge einer über die Natur gebietenden Weisheit hinweist. – Nur was den in den Schulen gebräuchlichen Begriff eines göttlichen *Beitritts* oder Mitwirkung (*concursus*) zu einer Wirkung in der Sinnenwelt betrifft, so muß dieser wegfallen. Denn das Ungleichartige paaren wollen (*gryphes iungere equis* [Vergil, *Eclogen*, VIII, 27]) und den, der selbst die vollständige Ursache der Weltveränderungen ist, seine eigene prädeterminierende Vorsehung während dem Weltlaufe *ergänzen* zu lassen (die also mangelhaft gewesen sein müßte), z. B. zu sagen, daß nächst *Gott* der Arzt den Kranken zurecht gebracht habe, also als Beistand dabei gewesen sei, ist *erstlich* an sich widersprechend. Denn *causa solitaria non iuvat.* Gott ist der Urheber des Arztes samt allen seinen Heilmitteln, und so muß ihm, wenn man ja bis zum höchsten, uns theoretisch unbegreiflichen Urgrunde hinaufsteigen will, die Wirkung *ganz* zugeschrieben werden. Oder man kann sie auch ganz dem Arzt zuschreiben, sofern wir diese Begebenheit als nach der Ordnung der Natur erklärbar in der Kette der Weltursachen verfolgen. *Zweitens* bringt eine solche Denkungsart auch um alle bestimmte Prinzipien der Beurteilung eines

comme telle (car elle *signifie* en fait des miracles, bien que les événements ne soient pas appelés ainsi), n'est de la part des hommes que sotte présomption, parce qu'il est absurde et plein de suffisance, de conclure d'après un seul événement à un principe particulier de la cause efficiente (à savoir que cet événement est une fin et non simplement la conséquence secondaire – naturelle et mécanique d'une autre fin qui nous est totalement inconnue) – quelles que puissent être la piété et l'humilité avec lesquelles on en parle. – C'est ainsi que la division de la Providence (considérée *materialiter*), relativement aux *objets* dans le monde, en *générale* et *particulière* est fausse et en soi contradictoire (lorsqu'on prétend par exemple qu'elle prend soin de la conservation des genres de créatures, tout en abandonnant les individus au hasard) ; car elle est appelée générale afin que précisément l'on ne pense pas qu'un seul objet lui reste étranger. – Il est probable qu'on a établi cette division de la Providence (considérée *formaliter*) d'après sa façon d'exécuter ses vues, à savoir : en Providence *ordinaire* (par exemple s'il s'agit de la mort et du renouveau annuel de la nature au changement de saison) et *extra-ordinaire* (par exemple s'il s'agit du transport du bois, grâce aux courants marins, vers les côtes glacées où il ne peut pousser pour les habitants de là-bas qui sans cela ne pourraient vivre) ; or nous pouvons sans doute bien nous expliquer la cause physico-mécanique de ces phénomènes (par exemple par les rives des fleuves couvertes d'arbres des régions tempérées, dont le bois tombe dans ces rivières, et qui se trouve charrié ensuite plus loin, si l'on veut par le Gulf Stream), il ne nous faut pas toutefois négliger la cause téléologique qui nous montre la prévoyance d'une Sagesse régnant sur la nature. – Quant à la notion en usage dans les écoles d'une *assistance* ou d'une collaboration (*concursus*) divine en vue d'un effet dans le monde sensible, elle doit disparaître. Car vouloir associer ce qui est hétérogène (*gryphes jungere equis* [Virgile, *Ecloge*, VIII, 27]) et faire *compléter* par celui qui est lui-même la cause complète des changements dans le monde, sa propre Providence prédéterminante (qui dans ce cas aurait été défectueuse) pendant le cours du monde, dire par exemple qu'*après Dieu*, le médecin a guéri le malade, qu'il a donc été présent comme assistant, voilà qui premièrement est en soi contradictoire. En effet, *causa solituria non juvat*, Dieu est l'auteur du médecin ainsi que de tous ses médicaments, ainsi c'est à Lui qu'il faut attribuer l'effet en sa *totalité*, si l'on tient à remonter jusqu'au premier principe suprême qui pour nous est théoriquement inintelligible, ou bien on peut l'attribuer aussi *entièrement* au médecin, si nous considérons cet événement dans l'enchaînement des causes cosmiques en tant qu'explicable selon l'ordre naturel. *Deuxièmement*, cette conception prive de tous les principes déterminés pour l'appréciation d'un effet. Toutefois au point de vue

362 genannt | wird, die wir zwar eigentlich nicht an diesen Kunstanstalten der Natur *erkennen,* oder auch nur daraus auf sie *schließen,* sondern (wie in aller Beziehung der Form der Dinge auf Zwecke überhaupt) nur *hinzudenken* können und müssen, um uns von ihrer Möglichkeit nach der Analogie menschlicher Kunsthandlungen einen Begriff zu machen, deren Verhältnis und Zusammenstimmung aber zu dem Zwecke, den uns die Vernunft unmittelbar vorschreibt (dem moralischen), sich vorzustellen, eine Idee ist, die zwar in *theoretischer* Absicht überschwenglich, in praktischer aber (z. B. in Ansehung des Pflichtbegriffs vom *ewigen Frieden,* um jenen Mechanism der Natur dazu zu benutzen) dogmatisch und ihrer Realität nach wohl gegründet ist. – Der Gebrauch des Wortes *Natur* ist auch, wenn es wie hier bloß um Theorie (nicht um Religion) zu tun ist, schicklicher für die Schranken der menschlichen Vernunft (als die sich in Ansehung des Verhältnisses der Wirkungen zu ihren Ursachen innerhalb den Grenzen möglicher Erfahrung halten muß) und *bescheidener* als der Ausdruck einer für uns erkennbaren *Vorsehung,* mit dem man sich vermessenerweise ikarische Flügel ansetzt, um dem Geheimnis ihrer unergründlichen Absicht näher zu kommen.

Ehe wir nun diese Gewährleistung näher bestimmen, wird es nötig sein, vorher den Zustand nachzusuchen, den die Natur für

---

Effekts. Aber in *moralisch-praktischer* Absicht (die also ganz aufs Übersinnliche gerichtet ist), z. B. in dem Glauben, daß Gott den Mangel unserer eigenen Gerechtigkeit, wenn nur unsere Gesinnung echt war, auch durch uns unbegreifliche Mittel ergänzen werde, wir also in der Bestrebung zum Guten nichts nachlassen sollen ist der Begriff des göttlichen *concursus* ganz schicklich und sogar notwendig ; wobei es sich aber von selbst versteht, daß niemand eine gute Handlung (als Begebenheit in der Welt) hieraus zu *erklären* versuchen muß, welches ein vorgebliches theoretisches Erkenntnis des Übersinnlichen, mithin ungereimt ist.

sagesse profonde d'une cause supérieure tendant au but final objectif du genre humain et prédéterminant le cours du monde; | assurément, nous ne la *reconnaissons* pas dans les 362 ouvrages d'art de la nature; nous ne pouvons pas non plus d'après eux, *conclure* à une Providence, mais nous pouvons et nous devons simplement l'*adjoindre par la pensée* – (comme toutes les fois que nous rapportons en général la forme des objets à des fins) pour nous faire une idée de sa possibilité d'après l'analogie des actions de l'art humain; toutefois la représentation de son rapport et de sa concordance avec la fin que la raison nous prescrit de façon immédiate (la fin morale) est une idée, il est vrai, transcendante *théoriquement*, mais au point de vue pratique (c'est-à-dire, pour utiliser ce mécanisme de la nature en ce qui concerne la notion du devoir de la *paix perpétuelle*) fort bien fondée dogmatiquement et en sa réalité. – L'usage du terme *nature*, lorsqu'il s'agit comme ici uniquement de théorie (et non de religion) convient mieux aussi aux bornes de l'humaine raison (qui, relativement au rapport des effets aux causes doit se maintenir dans les limites d'une expérience possible); il est aussi *plus modeste* que le terme de Providence, – une *Providence* connaissable pour nous, grâce auquel on s'ajuste témérairement des ailes d'Icare pour se rapprocher davantage du mystère de ses insondables desseins.

Avant de déterminer de façon plus précise cette garantie, il sera nécessaire de rechercher les conditions que la nature a

---

de la *morale pratique* (qui est tout entière tournée du côté du suprasensible), par exemple s'il s'agit de la croyance que Dieu complétera, par des moyens incompréhensibles pour nous, la déficience de notre propre justice si notre intention fut pure et que par conséquent nous ne devons pas nous relâcher dans nos efforts vers le Bien, la notion du *concursus* divin est tout à fait convenable et même nécessaire ; cependant, il va de soi que personne ne doit chercher à *expliquer* par là une bonne action (en tant qu'événement dans le monde), ce qui constituerait une prétendue connaissance théorique du suprasensible et serait par conséquent absurde.

die auf ihrem großen Schauplatz handelnde Personen
363 veranstaltet hat, der ihre Friedens | sicherung zuletzt notwendig
macht; – alsdann aber allererst die Art, wie sie diese leiste.

Ihre provisorische Veranstaltung besteht darin: daß sie 1. für
die Menschen in allen Erdgegenden gesorgt hat, daselbst leben
zu können; – 2. sie durch *Krieg* allerwärts hin, selbst in die
unwirtbarsten Gegenden getrieben hat, um sie zu bevölkern; –
3. durch ebendenselben sie in mehr oder weniger gesetzliche
Verhältnisse zu treten genötigt hat. – Daß in den kalten Wüsten
am Eismeer noch das Moos wächst, welches das *Rentier* unter
dem Schnee hervorscharrt, um selbst die Nahrung oder auch
das Angespann des Ostjaken oder Samojeden zu sein; oder
daß die salzigen Sandwüsten doch noch dem Kamel, welches
zu Bereisung derselben gleichsam geschaffen zu sein
scheint, um sie nicht unbenutzt zu lassen, enthalten, ist schon
bewundernswürdig. Noch deutlicher aber leuchtet der Zweck
hervor, wenn man gewahr wird, wie außer den bepelzten Tieren
am Ufer des Eismeeres noch Robben, Walrosse und Walfische
an ihrem Fleische Nahrung und mit ihrem Tran Feuerung für die
dortigen Anwohner darreichen. Am meisten aber erregt die
Vorsorge der Natur durch das Treibholz Bewunderung, was sie
(ohne daß man recht weiß, wo es herkommt) diesen gewäch-
slosen Gegenden zubringt, ohne welches Material sie weder
ihre Fahrzeuge und Waffen noch ihre Hütten zum Aufenthalt
zurichten könnten; wo sie dann mit dem Kriege gegen die Tiere
genug zu tun haben, um unter sich friedlich zu leben. – – Was sie
aber *dahin getrieben* hat, ist vermutlich nichts anderes als der
Krieg gewesen. Das erste *Kriegswerkzeug* aber unter allen
Tieren, die der Mensch binnen der Zeit der Erdbevölkerung zu
zähmen und häuslich zu machen gelernt hatte, ist das Pferd (denn
der Elefant gehört in die spätere Zeit, nämlich des Luxus schon
errichteter Staaten), sowie die Kunst, gewisse, für uns jetzt ihrer
ursprünglichen Beschaffenheit nach nicht mehr erkennbare

prévues par rapport aux personnes qui agissent sur son vaste théâtre, conditions qui rendent finalement nécessaire | l'assurance de la paix ; – mais ensuite il faudra voir tout d'abord la manière dont elle s'acquitte de cette garantie. 363

Ses dispositions provisoires consistent en ceci : 1) à avoir eu soin que les hommes puissent vivre dans toutes les régions de la terre ; 2) à les avoir conduits partout au moyen de la *guerre*, même dans les contrées les plus inhospitalières pour les peupler ; 3) à les avoir obligés par la guerre encore, de contracter des rapports plus ou moins légaux. – Que dans les froids déserts le long de l'Océan glacial, il pousse encore de la mousse que le *renne* trouve en creusant la neige pour servir lui-même de nourriture ou d'attelage à l'Ostiaque et au Samoyède ; ou que les déserts de sable salin produisent aussi le *chameau* qui paraît en quelque sorte créé pour permettre de les parcourir afin qu'ils ne demeurent pas inutilisés, voilà qui est déjà digne d'admiration. Mais la finalité éclate encore plus nettement, si l'on remarque que outre les animaux à fourrures, au bord de l'Océan glacial, il existe encore des phoques, des morses et des baleines qui fournissent aux habitants de ces régions des aliments grâce à leur chair et du feu grâce à leur huile. Toutefois ce qui provoque surtout l'admiration, c'est la prévoyance de la nature qui fournit du bois flotté (sans que l'on sache très bien d'où il vient) à ces contrées privées de végétation ; sans ce bois les habitants ne pourraient fabriquer leurs bateaux et leurs armes, ni édifier leurs huttes d'habitation ; ils sont d'ailleurs assez occupés à combattre les animaux pour vivre pacifiquement entre eux, – toutefois ce qui les a *amenés dans ces régions*, ce n'est probablement pas autre chose que la guerre. Le premier *instrument de guerre* parmi tous les animaux que l'homme, dans le temps du peuplement de la terre, a appris à apprivoiser et à domestiquer est le *cheval* (l'éléphant en effet paraît plus tard à l'époque du luxe dans des États déjà constitués), de même l'art de cultiver certaines graminées appelées céréales dont nous ne pouvons

Grasarten, *Getreide* genannt, anzubauen, imgleichen die Vervielfältigung und Verfeinerung der *Obstarten* durch Verpflanzung und Einpfropfung (vielleicht in Europa bloß zweier Gattungen, der Holzäpfel und Holzbirnen) nur im Zustande schon errichteter Staaten, wo gesichertes Grundeigentum stattfand, entstehen konnte, – nachdem die Menschen vorher in gesetzloser Freiheit von dem Jagd[1], Fischer-

364 und Hirtenleben bis zum *Ackerleben* durchgedrungen | waren, und nun *Salz* und *Eisen* erfunden ward, vielleicht die ersten weit und breit gesuchten Artikel eines Handelsverkehrs verschiedener Völker, wodurch sie zuerst in ein *friedliches Verhältnis* gegeneinander und so selbst mit Entfernteren in Einverständnis, Gemeinschaft und friedliches Verhältnis untereinander gebracht wurden.

Indem die Natur nun dafür gesorgt hat, daß Menschen allerwärts auf Erden leben *könnten,* so hat sie zugleich auch despotisch gewollt, daß sie allerwärts leben *sollten,* wenngleich wider ihre Neigung, und selbst ohne daß dieses Sollen zugleich einen Pflichtbegriff voraussetzte, der sie hierzu vermittelst eines moralischen Gesetzes verbände, – sondern sie hat, zu diesem ihrem Zweck zu gelangen, den Krieg gewählt. – Wir sehen nämlich Völker, die an der Einheit ihrer Sprache die Einheit ihrer Abstammung kennbar machen, wie die *Samojeden* am Eismeer einerseits, und ein Volk von ähnlicher Sprache, zweihundertis

---

1. Unter allen Lebensweisen ist das *Jagdleben* ohne Zweifel der gesitteten Verfassung am meisten zuwider: weil die Familien, die sich da vereinzelnen mussen, einander bald fremd und sonach, in weitläuftigen Wäldern zerstreut, auch bald *feindselig* werden, da eine jede zu Erwerbung ihrer Nahrung und Kleidung viel Raum bedarf. – *Das Noachische Blutverbot,* 1. M. IX, 4-6 (welches, öfters wiederholt, nachher gar den neuangenommenen Christen aus dem Heidentum, obzwar in anderer Rücksicht, von den Judenchristen zur Bedingung gemacht wurde, Apost. Gesch. xv, 20. XXI, 25), scheint uranfänglich nichts anderes als das Verbot des *Jägerlebens* gewesen zu sein, weil in diesem der Fall, das Fleisch roh zu essen, oft eintreten muß, mit dem letzteren also das erstere zugleich verboten wird

plus aujourd'hui reconnaître la nature primitive; de même encore la multiplication et l'amélioration des *espèces de fruits* par la transplantation et la greffe (en Europe peut être seulement de deux espèces, le pommier et le poirier sauvages) n'ont pu se produire que dans des États déjà constitués où la propriété foncière était garantie, – lorsque les hommes, jadis dans un état de liberté anarchique furent parvenus, de la condition de chasseur[1], de pêcheur et de berger à la *vie agricole* | et eurent découvert le *sel* et le *fer* qui furent peut-être **364** les premiers articles, recherchés partout, du commerce entre différents peuples; c'est ainsi que ceux-ci furent amenés d'abord à entretenir entre eux des *rapports pacifiques*, et même à s'entendre et avoir des rapports communs et pacifiques avec des peuples plus éloignés.

Or, comme la nature a fait en sorte que les hommes *puissent* vivre partout sur la terre, elle a voulu aussi despotiquement que les hommes *dussent* vivre en tout lieu, quoique contre leur inclination et même sans que cette obligation supposât en même temps une notion de devoir qui les y engagerait par une loi morale, – mais pour parvenir à ses fins, elle a choisi la guerre. – Nous voyons, en effet, des peuples dont l'identité de langue révèle l'identité d'origine, par exemple, il en est ainsi des *Samoyèdes* sur les côtes de l'Océan glacial d'une part, et d'autre part d'un peuple de

---

1. Parmi tous les genres de vie, celui du *chasseur* est sans nul doute le plus contraire à la condition civilisée; parce que les familles, qui doivent s'isoler dans cet état, deviennent bientôt *étrangères*, puis aussi, dispersées dans de vastes forêts, *hostiles* les unes aux autres, chacune ayant besoin d'un grand espace pour l'acquisition de sa nourriture et de son vêtement. – L'*interdiction du sang faite à Noé, Gen.* IX 4-6 (qui, souvent répétée, fut ensuite imposée, comme condition, aux païens nouvellement convertis au Christianisme par les Judéo-chrétiens, il est vrai dans un but différent, *Actes* XV 20; XXI 25), paraît n'avoir été au début rien autre chose que l'interdiction de la *vie de chasseur*; parce que dans ce genre d'existence, le cas d'absorber la viande crue doit souvent se présenter; si donc ceci est défendu, vivre de chasse est défendu par là même.

Meilen davon entfernt, im *Altaischen* Gebirge andererseits, wozwischen sich ein anderes, nämlich mongolisches, berittenes und hiermit kriegerisches Volk, gedrängt und so jenen Teil ihres Stammes, weit von diesem, in die unwirtbarsten Eisgegenden versprengt hat, wo sie gewiß nicht aus eigener Neigung sich hin verbreitet hätten[1]; – ebenso die *Finnen* in der nördlichsten Gegend von Europa, *Lappen* genannt, von den jetzt ebenso weit entfernten, aber der Sprache nach mit ihnen verwandten *Ungarn* durch dazwischen ein | gedrungene gotische und sarmatische Völker getrennt; und was kann wohl anders die *Eskimos* (vielleicht uralte europäische Abenteurer, ein von allen Amerikanern ganz unterschiedenes Geschlecht) im Norden und die *Pescheräs* im Süden von Amerika bis zum Feuerlande hingetrieben haben, als der Krieg, dessen sich die Natur als Mittel bedient, die Erde allerwärts zu bevölkern? Der Krieg aber selbst bedarf keines besondern Bewegungsgrundes, sondern scheint auf die menschliche Natur gepfropft zu sein, und sogar als etwas Edles, wozu der Mensch durch den Ehrtrieb, ohne eigennützige Triebfedern, beseelt wird, zu gelten: so daß *Kriegsmut* (von amerikanischen Wilden sowohl als den europäischen in den Ritterzeiten) nicht bloß, wenn Krieg ist (wie billig), sondern

---

1. Man könnte fragen: Wenn die Natur gewollt hat, diese Eisküste sollten nicht unbewohnt bleiben, was wird aus ihren Bewohnern, wenn sie ihnen dereinst (wie zu erwarten ist) kein Treibholz mehr zuführte? Denn es ist zu glauben, daß bei fortrückender Kultur die Einsassen der temperierten Erdstriche das Holz, was an den Ufern ihrer Ströme wächst, besser benutzen, es nicht in die Ströme fallen und so in die See wegschwemmen lassen werden. Ich antworte: Die Anwohner des Obstroms, des Jenisei, des Lena usw. werden es ihnen durch Handel zuführen, und dafür die Produkte aus dem Tierreich, woran das Meer an den Eisküsten so reich ist, einhandeln, wenn sie (die Natur) nur allererst den Frieden unter ihnen erzwungen haben wird.

langue analogue qui en est éloigné de deux cents lieues dans les monts Altaï ; entre eux s'est introduit de force un autre peuple d'origine mongole, peuple de cavaliers, guerrier par conséquent ; celui-ci a donc refoulé une partie de la race en question, loin de l'autre, dans les régions glacées les moins hospitalières jusqu'où elle ne se serait pas assurément répandue de son propre mouvement[1] ; il en est de même des *Finnois* de la région la plus septentrionale de l'Europe, appelés Lapons. Tout aussi éloignés des *Hongrois*, actuellement, mais apparentés à eux par la langue, ils en sont séparés par des peuples | de race gothique et sarmate qui se sont introduits de **365** force entre eux ; et quelle autre chose que la guerre a bien pu chasser les *Esquimaux* (antiques aventuriers européens peut-être, en tout cas, race absolument différente de tous les Américains), dans le nord et les *Pescherés* dans le sud de l'Amérique jusque dans la terre de Feu, la guerre dont la nature se sert comme d'un moyen pour peupler la terre en tout lieu ? La guerre, cependant, n'a pas besoin d'un motif déterminant particulier, mais elle paraît greffée sur la nature humaine et même passer pour un acte noble auquel l'homme est poussé par le sentiment de l'honneur et non par des mobiles intéressés ; c'est ainsi que la *valeur guerrière* est estimée (aussi bien par les sauvages d'Amérique comme par ceux d'Europe au temps de la chevalerie) comme ayant une haute valeur immédiate non seulement *quand* il y a une guerre

---

1. On pourrait poser cette question : si la nature a voulu que ces côtes glacées ne restent pas inhabitées, qu'adviendrait-il de leurs habitants, si un jour (comme on doit s'y attendre) elle ne leur procurait plus de bois de flottage ? On peut présumer en effet, qu'avec le progrès de la civilisation, les habitants des régions tempérées utiliseront mieux le bois qui pousse le long des rivages de leurs fleuves et ne le laisseront pas tomber dans ces fleuves pour être entraîné à la mer. À cela je réponds : Ceux qui habitent sur les rives du fleuve Obi, de l'Ienisséi, de la *Léna*, etc., le leur livreront par le commerce et rapporteront par contre des produits du règne animal que la mer renferme en abondance sur ces côtes ; lorsque la nature les aura d'abord obligés à faire la paix entre eux.

auch, daß Krieg sei, von unmittelbarem großem Wert zu sein geurteilt wird, und er oft, bloß um jenen zu zeigen, angefangen, mithin in dem Kriege an sich selbst eine innere *Würde* gesetzt wird, sogar daß ihm auch wohl Philosophen, als einer gewissen Veredlung der Menschheit, eine Lobrede halten, uneingedenk des Ausspruchs jenes Griechen : « Der Krieg ist darin schlimm, daß er mehr böse Leute macht, als er deren wegnimmt. » – Soviel von dem, was die Natur *für ihren eigenen Zweck* in Ansehung der Menschengattung als einer Tierklasse tut.

Jetzt ist die Frage, die das Wesentliche der Absicht auf den ewigen Frieden betrifft : « Was die Natur in dieser Absicht, beziehungsweise auf den Zweck, den dem Menschen seine eigene Vernunft zur Pflicht macht, mithin zur Begünstigung seiner *moralischen Absicht* tue, und wie sie die Gewährleiste, daß dasjenige, was der Mensch nach Freiheitsgesetzen tun *sollte*, aber nicht tut, dieser Freiheit unbeschadet auch durch einen Zwang der Natur, daß er es tun werde, gesichert sei, und zwar nach allen drei Verhältnissen des öffentlichen Rechts, des *Staats, Völker-* und *weltbürgerlichen Rechts.* » – Wenn ich von der Natur sage : sie will, daß dieses oder jenes geschehe, so heißt das nicht soviel als : sie legt uns eine Pflicht auf, es zu tun (denn das kann nur die zwangsfreie praktische Vernunft), sondern sie *tut* es selbst, wir mögen wollen oder nicht (*fata volentem ducunt, nolentem trahunt*).

1. Wenn ein Volk auch nicht durch innere Mißhelligkeit genötigt würde, sich unter den Zwang öffentlicher Gesetze zu begeben, so würde es doch der Krieg von außen tun, indem nach der vorher erwähnten Naturanstalt ein jedes Volk ein anderes es drängende Volk zum Nachbar vor sich findet, gegen das es 366 sich innerlich zu einem Staat bilden muß, um | als Macht gegen diesen gerüstet zu sein. Nun ist die *republikanische* Verfassung

(comme de juste), mais encore *afin* qu'il y ait guerre; on l'entreprend donc souvent uniquement pour faire preuve de ce courage; on confère ainsi à la guerre en elle-même une sorte de *dignité* intérieure, et des philosophes même en font l'éloge comme d'un moyen pour ennoblir l'humanité, sans songer à la parole du Grec : « La guerre est néfaste en ce qu'elle fait plus de mauvaises gens qu'elle n'en extirpe ». Mais cela suffit en ce qui concerne le *but particulier* que la nature se propose par rapport au genre humain considéré comme une classe d'animaux.

Passons maintenant à la question qui concerne ce qui est l'essentiel par rapport à la paix perpétuelle, à savoir : « Ce que fait la nature dans cette intention, relativement à la fin que la propre raison de l'homme impose à celui-ci comme devoir, par conséquent pour favoriser sa *fin morale* ; et comment elle fournit la garantie que, ce que l'homme *devrait* accomplir d'après les lois de la liberté, mais n'accomplit pas, il l'*accomplira* certainement sans que sa liberté ait à en souffrir, grâce à une contrainte de la nature et conformément aux trois aspects du droit public : *droit civil*, *droit des gens* et *droit cosmopolitique* ». – Quand je dis de la nature qu'elle *veut* que telle ou telle chose arrive, cela ne signifie pas qu'elle nous impose comme devoir de le faire (cela n'est en effet, possible qu'à la raison pratique qui est libre de toute contrainte), mais elle l'accomplit elle-même, que nous le voulions ou non (*fata volentem ducunt, nolentem trahunt*).

1. Alors même qu'un peuple ne serait pas forcé par suite de divisions intérieures à se soumettre à la contrainte de lois publiques, la guerre, de l'extérieur cependant l'y obligerait, puisque d'après la disposition de la nature dont il a été précédemment question, tout peuple en rencontre en face de lui un autre comme voisin, qui le presse et contre lequel il doit constituer, à l'intérieur, un État, afin | d'être armé, comme **366** *puissance*, pour lui résister. Or, la constitution *républicaine*

die einzige, welche dem Recht der Menschen vollkommen
angemessen, aber auch die schwerste zu stiften, vielmehr noch zu
erhalten ist, dermaßen daß viele behaupten, es müsse ein *Staat
von Engeln* sein, weil Menschen mit ihren selbstsüchtigen
Neigungen einer Verfassung von so sublimer Form nicht fähig
wären. Aber nun kommt die Natur dem verehrten, aber zur
Praxis ohnmächtigen allgemeinen, in der Vernunft gegründeten
Willen, und zwar gerade durch jene selbstsüchtigen Neigungen
zu Hilfe, so daß es nur auf eine gute Organisation des Staats
ankommt (die allerdings im Vermögen der Menschen ist), jener
ihre Kräfte so gegeneinander zu richten, daß eine die anderen in
ihrer zerstörenden Wirkung aufhält oder diese aufhebt: so daß
der Erfolg für die Vernunft so ausfällt, als wenn beide gar
nicht da wären, und so der Mensch, wenngleich nicht ein
moralisch-guter Mensch, dennoch ein guter Bürger zu sein
gezwungen wird. Das Problem der Staatserrichtung ist, so hart
wie es auch klingt, selbst für ein Volk von Teufeln (wenn sie
nur Verstand haben) auflösbar und lautet so: « Eine Menge
von vernünftigen Wesen, die insgesamt allgemeine Gesetze
für ihre Erhaltung verlangen, deren jedes aber insgeheim
sich davon auszunehmen geneigt ist, so zu ordnen und
ihre Verfassung einzurichten, daß, obgleich sie in ihren
Privatgesinnungen einander entgegenstreben, diese einander
doch so aufhalten, daß in ihrem öffentlichen Verhalten der Erfolg
ebenderselbe ist, als ob sie keine solche bösen Gesinnungen
hätten ». Ein solches Problem muß *auflöslich* sein. Denn es ist
nicht die moralische Besserung der Menschen, sondern nur
der Mechanism der Natur, von dem die Aufgabe zu wissen
verlangt, wie man ihn an Menschen benutzen könne, um den
Widerstreit ihrer unfriedlichen Gesinnungen in einem Volk
so zu richten, daß sie sich unter Zwangsgesetze zu begeben

est la seule qui soit parfaitement adaptée au Droit de l'homme, mais c'est aussi la plus difficile à établir, et même il est encore plus difficile de la maintenir ; en sorte que bien des gens pensent que ce devrait être un *État composé d'anges*, les hommes avec leurs penchants égoïstes étant incapables de conserver une constitution de forme aussi sublime. La nature cependant vient en aide à la Volonté universelle fondée en raison, que tous révèrent, mais qui est pratiquement impuissante, précisément au moyen des penchants égoïstes ; en sorte qu'il suffit d'une bonne organisation de l'État (ce qui est assurément au pouvoir des forces humaines) pour opposer les unes aux autres ces forces de la nature de façon que l'une arrête les autres dans leur effet destructeur ou même le supprime ; il en résulte au point de vue rationnel qu'il en est comme si elles n'existaient pas et l'homme, bien qu'il ne soit pas moralement bon, est cependant contraint par là de devenir un bon citoyen. Le problème de la formation de l'État, pour tant que ce soit dur à entendre n'est pourtant pas insoluble, même s'il s'agissait d'un peuple de démons (pourvu qu'ils aient quelque intelligence) ; il se formule de la façon suivante : « Ordonner une foule d'êtres raisonnables qui réclament tous d'un commun accord des lois générales en vue de leur conservation, chacun d'eux d'ailleurs ayant une tendance secrète à s'en excepter ; et organiser leur constitution de telle sorte que ces gens, qui par leurs sentiments particuliers s'opposent les uns aux autres, réfrènent réciproquement ces sentiments de façon à parvenir dans leur conduite publique à un résultat identique à celui qu'ils obtiendraient s'ils n'avaient pas ces mauvaises dispositions ». Un pareil problème doit pouvoir *se résoudre*. Car il ne requiert pas l'amélioration morale des hommes, mais il s'agit simplement de savoir comment on peut utiliser par rapport aux hommes le mécanisme de la nature pour diriger l'antagonisme des dispositions hostiles, dans un peuple, de telle sorte que les hommes s'obligent mutuellement eux-

einander selbst nötigen und so den Friedenszustand, in welchem
Gesetze Kraft haben, herbeiführen müssen. Man kann dieses
auch an den wirklich vorhandenen, noch sehr unvollkommen
organisierten Staaten sehen, daß sie sich doch im äußeren
Verhalten dem, was die Rechtsidee vorschreibt, schon sehr
nähern, obgleich das Innere der Moralität davon sicherlich nicht
die Ursache ist (wie denn auch nicht von dieser die gute
Staatsverfassung, sondern vielmehr umgekehrt von der letzteren
allererst die gute moralische Bildung eines Volks zu erwarten
ist), mithin der Mechanism der Natur durch selbstsüchtige
Neigungen, die natürlicherweise einander auch äußerlich
entgegenwirken, von der Vernunft zu einem Mittel gebraucht
367 werden kann, dieser | ihrem eigenen Zweck, der rechtlichen
Vorschrift, Raum zu machen und hiermit auch, soviel an dem
Staat selbst liegt, den inneren sowohl als äußeren Frieden zu
befördern und zu sichern. – Hier heißt es also: Die Natur will
unwiderstehlich, daß das Recht zuletzt die Obergewalt erhalte.
Was man nun hier verabsäumt zu tun, das macht sich zuletzt
selbst, obzwar mit viel Ungemächlichkeit. – « Biegt man das
Rohr zu stark, so bricht's; und wer zu viel will, der will nichts. »
Bouterwek.

2. Die Idee des Völkerrechts setzt die *Absonderung* vieler
voneinander unabhängiger benachbarter Staaten voraus; und
obgleich ein solcher Zustand an sich schon ein Zustand des
Krieges ist (wenn nicht eine föderative Vereinigung derselben
dem Ausbruch der Feindseligkeiten vorbeugt): so ist doch
selbst dieser nach der Vernunftidee besser als die Zusammen-
schmelzung derselben durch eine die anderen überwachende
und in eine Universalmonarchie übergehende Macht, weil die
Gesetze mit dem vergrößerten Umfange der Regierung immer
mehr an ihrem Nachdruck einbüßen, und ein seelenloser
Despotism nachdem er die Keime des Guten ausgerottet
hat, zuletzt doch in Anarchie verfällt. Indessen ist dieses
das Verlangen jedes Staats (oder seines Oberhaupts),

mêmes à se soumettre à des lois de contrainte, produisant ainsi nécessairement l'état de paix où les lois disposent de la force. Si l'on considère les États existant réellement, mais encore très imparfaitement organisés, on remarquera qu'ils se rapprochent déjà beaucoup par leur tenue extérieure de ce que prescrit l'idée du droit, et cependant l'élément interne de la moralité n'en est certainement pas la cause (comme l'on ne doit pas attendre de la moralité, la bonne constitution politique, mais plutôt inversement d'abord de cette dernière la bonne formation morale d'un peuple); d'où il suit que la raison peut user du mécanisme de la nature, grâce aux penchants égoïstes qui agissent extérieurement d'une manière naturelle les uns contre les autres, comme d'un moyen pour donner libre cours | à sa propre fin c'est-à-dire aux prescrip- **367** tions du droit et pour avancer ainsi, autant qu'il dépend de l'État, la paix intérieure aussi bien que la paix extérieure. – Ici il faut donc dire : La nature *veut* de manière irrésistible que le pouvoir suprême revienne finalement au droit. Ce qu'à cet égard on néglige d'en faire, finit par avoir lieu spontanément, non sans de gros inconvénients, il est vrai. – « Le roseau, ployé trop fort, rompt ; et qui veut trop, ne veut rien ». Bouterwek.

2. L'idée du droit des gens suppose la *séparation* de beaucoup d'États voisins, indépendants les uns des autres, et bien qu'une condition de ce genre constitue déjà en soi un état de guerre (si toutefois une union fédérative ne prévient pas l'ouverture des hostilités), cette condition vaut mieux néanmoins suivant l'Idée rationnelle que la fusion de ces États opérée par une puissance qui, l'emportant sur les autres, se transforme en une monarchie universelle ; les lois, en effet, à mesure que le gouvernement acquiert de l'extension, perdent toujours plus de leur force, et un despotisme sans âme tombe après avoir extirpé les germes du bien finalement dans l'anarchie. C'est pourtant le désir de tout État (ou de son

auf diese Art sich in den dauernden Friedenszustand zu versetzen, daß er womöglich die ganze Welt beherrscht. Aber die *Natur* will es anders. – Sie bedient sich zweier Mittel, um Völker von der Vermischung abzuhalten und sie abzusondern, der Verschiedenheit der *Sprachen* und der *Religionen*[1], die zwar den Hang zum wechselseitigen Hasse und Vorwand zum Kriege bei sich führt, aber doch bei anwachsender Kultur und der allmählichen Annäherung der Menschen zu größerer Einstimmung in Prinzipien, zum Einverständnisse in einem Frieden leitet, der nicht, wie jener Despotism (auf dem Kirchhofe der Freiheit), durch Schwächung aller Kräfte, sondern durch ihr Gleichgewicht im lebhaftesten Wetteifer derselben hervorgebracht und gesichert wird.

368 | 3. So wie die Natur weislich die Völker trennt, welche der Wille jedes Staats, und zwar selbst nach Gründen des Völkerrechts, gern unter sich durch List oder Gewalt vereinigen möchte; so vereinigt sie auch andererseits Völker, die der Begriff des Weltbürgerrechts gegen Gewalttätigkeit und Krieg nicht würde gesichert haben, durch den wechselseitigen Eigennutz. Es ist der *Handelsgeist,* der mit dem Kriege nicht zusammen bestehen kann, und der früher oder später sich jedes Volks bemächtigt. Weil nämlich unter allen der Staatsmacht untergeordneten Mächten (Mitteln) die *Geldmacht* wohl die zuverlässigste sein möchte, so sehen sich die Staaten (freilich wohl nicht eben durch Triebfedern der Moralität) gedrungen, den edlen Frieden zu befördern und, wo auch immer in der Welt

---

1. *Verschiedenheit der Religionen:* ein wunderlicher Ausdruck! Gerade als ob man auch von verschiedenen *Moralen* spräche. Es kann wohl verschiedene *Glaubensarten* historischer, nicht in die Religion, sondern in die Geschichte der zu ihrer Beförderung gebrauchten, ins Feld der Gelehrsamkeit einschlagender Mittel und ebenso verschiedene *Religionsbücher* (Zendavesta, Vedam, Koran usw.) geben, aber nur eine einzige, für alle Menschen und in allen Zeiten gültige *Religion*. Jene also können wohl nichts anderes als nur das Vehikel der Religion, was zufällig ist und nach Verschiedenheit der Zeiten und Örter verschieden sein kann, enthalten.

souverain) de parvenir de cette manière à une paix durable,
c'est-à-dire en gouvernant, si possible toute la terre. La *nature*
cependant *veut* qu'il en soit autrement. – Elle utilise deux
procédés pour empêcher la fusion des peuples et pour les
séparer, à savoir, la *diversité* des *langues* et des *religions*[1].
Cette diversité entraîne, il est vrai, avec elle le penchant à des
haines réciproques et des prétextes de guerre, mais conduit
d'autre part avec les progrès de la civilisation et le rap-
prochement graduel des hommes vers une harmonie plus
grande dans les principes, et une entente dans un état de paix
qui n'est point produit et garanti comme le précédent despotisme (sur la tombe de la liberté) par l'affaiblissement de
toutes les forces, mais au contraire par leur équilibre et leur
émulation la plus vive.

| 3. De même que la nature sépare sagement les peuples **368**
que la volonté de chaque État particulier, en invoquant même
les principes du droit des gens, désirerait volontiers réunir par
ruse ou par violence sous sa domination ; de même, elle unit
aussi, d'autre part, des peuples que la notion de droit cosmopolitique n'aurait pas garanti contre la violence et la guerre, par le
moyen de leur mutuel intérêt. Il s'agit de l'*esprit commercial*
qui est incompatible avec la guerre et qui tôt ou tard s'empare
de chaque peuple. Or, comme parmi toutes les puissances (tous
les moyens) subordonnées à celle de l'État la *puissance de
l'argent* est sans doute la plus sûre, les États se voient dans
l'obligation de travailler au progrès de la paix, cette noble

1. *Diversité des religions* : expression singulière ! tout comme s'il était
aussi question de diverses *morales*. Il peut bien y avoir diverses sortes de
croyances à des dispositions historiques relevant non de la religion, mais de
l'histoire des moyens propres à son avancement et faisant partie du domaine
de l'érudition, et de même divers livres de religion (*le Zend-Avesta*, *les
Védas*, *le Coran*, etc.), mais il ne saurait y avoir qu'une seule *religion* valable
pour tous les hommes et tous les temps. Ces croyances donc ne peuvent
renfermer autre chose que le véhicule de la religion, qui est contingent et peut
différer suivant la diversité des temps et des lieux.

Krieg auszubrechen droht, ihn durch Vermittlungen abzuwehren, gleich als ob sie deshalb im beständigen Bündnisse ständen; denn große Vereinigungen zum Kriege können der Natur der Sache nach sich nur höchst selten zutragen und noch seltener glücken. – – Auf die Art garantiert die Natur durch den Mechanism in den menschlichen Neigungen selbst den ewigen Frieden; freilich mit einer Sicherheit, die nicht hinreichend ist, die Zukunft desselben (theoretisch) zu *weissagen*, aber doch in praktischer Absicht zulangt und es zur Pflicht macht, zu diesem (nicht bloß chimärischen) Zwecke *hinzuarbeiten*.

chose (non, en vertu, il est vrai, de motifs de moralité) et de faire obstacle à la guerre, là où, dans le monde, elle menace d'éclater, par des médiations, absolument comme s'ils se trouvaient dans une alliance perpétuelle à cet effet ; car de grandes coalitions en vue de la guerre ne peuvent par suite de la nature des choses se former que très rarement et encore plus rarement avoir du succès. – C'est ainsi que la nature garantit, grâce au mécanisme même des penchants humains, la paix perpétuelle ; mais assurément, la sûreté qu'elle fournit n'est pas suffisante pour en *prédire* (théoriquement) l'avenir, elle suffit cependant relativement à la pratique et impose le devoir de *travailler à ce but* (qui n'est point purement chimérique).

ZWEITER ZUSATZ

GEHEIMER ARTIKEL ZUM EWIGEN FRIEDEN

Ein geheimer Artikel in Verhandlungen des öffentlichen Rechts ist objektiv, d.i. seinem Inhalte nach betrachtet ein Widerspruch; subjektiv aber, nach der Qualität der Person beurteilt, die ihn diktiert, kann gar wohl darin ein Geheimnis statthaben, daß sie es nämlich für ihre Würde bedenklich findet, sich öffentlich als Urheberin desselben anzukündigen.

Der einzige Artikel dieser Art ist in dem Satze enthalten: *Die Maximen der Philosophen über die Bedingungen der Möglichkeit des öffentlichen Friedens sollen von den zum Kriege gerüsteten Staaten zu Rate gezogen werden.*

Es scheint aber für die gesetzgebende Autorität eines Staats, dem man natürlicherweise die größte Weisheit beilegen muß, verkleinerlich zu sein, über die Grundsätze seines Verhaltens gegen andere Staaten bei *Untertanen* (den Philosophen) **369** Belehrung zu suchen; gleichwohl aber | sehr ratsam, es zu tun. Also wird der Staat die letzteren *stillschweigend* (also indem er ein Geheimnis daraus macht) dazu *auffordern,* welches soviel heißt als: er wird sie frei und öffentlich über die allgemeinen

DEUXIÈME SUPPLÉMENT

ARTICLE SECRET POUR LA PAIX PERPÉTUELLE [1]

Un article secret dans les négociations de droit public est, objectivement, c'est-à-dire si l'on se place au point de vue de son contenu, quelque chose de contradictoire; toutefois, subjectivement, c'est-à-dire eu égard à la qualité de la personne qui le dicte, il peut très bien y avoir quelque secret, en particulier si cette personne estime compromettant pour sa dignité de s'en déclarer ouvertement l'auteur.

L'unique article de ce genre est renfermé dans cette phrase: « *Les maximes des philosophes concernant les conditions de la possibilité de la paix publique doivent être consultées par les États armés pour la guerre* ».

Cependant, il semble que ce soit ravaler l'autorité législative d'un État, auquel on doit naturellement attribuer la plus grande sagesse, que de chercher à s'éclairer sur les principes de son attitude vis-à-vis d'autres États, auprès de ses *sujets* (les philosophes), il paraît toutefois | très prudent de le faire. **369** L'État donc, *invitera* ces derniers *tacitement* (par conséquent en tenant la chose secrète) à le conseiller, ce qui signifie : qu'il les *autorisera à parler* librement et publiquement sur les

1. Ce deuxième supplément a été ajouté seulement dans la deuxième édition.

Maximen der Kriegsführung und Friedensstiftung *reden lassen* (denn das werden sie schon von selbst tun, wenn man es ihnen nur nicht verbietet), und die Übereinkunft der Staaten untereinander über diesen Punkt bedarf auch keiner besonderen Verabredung der Staaten unter sich in dieser Absicht, sondern liegt schon in der Verpflichtung durch allgemeine (moralischgesetzgebende) Menschenvernunft. – Es ist aber hiermit nicht gemeint : daß der Staat den Grundsätzen des Philosophen vor den Aussprüchen des Juristen (des Stellvertreters der Staatsmacht) den Vorzug einräumen müsse, sondern nur, daß man ihn höre. Der letztere, der die *Waage* des Rechts und nebenbei auch das *Schwert* der Gerechtigkeit sich zum Symbol gemacht hat, bedient sich gemeiniglich des letzteren, nicht um etwa bloß alle fremden Einflüsse von dem ersteren abzuhalten, sondern, wenn die eine Schale nicht sinken will, das Schwert mit hineinzulegen (*vae victis*) : wozu der Jurist, der nicht zugleich (auch der Moralität nach) Philosoph ist, die größte Versuchung hat, weil es seines Amts nur ist, vorhandene Gesetze anzuwenden, nicht aber, ob diese selbst nicht einer Verbesserung bedürfen, zu untersuchen, und rechnet diesen in der Tat niedrigeren Rang seiner Fakultät, darum weil er mit Macht begleitet ist (wie es auch mit den beiden anderen der Fall ist), zu den höheren. – Die philosophische steht unter dieser verbündeten Gewalt auf einer sehr niedrigen Stufe. So heißt es z. B. von der Philosophie, sie sei die Magd der Theologie (und ebenso lautet es von den zwei anderen). – Man sieht aber nicht recht, « ob sie ihrer gnädigen Frauen die Fackel vorträgt oder die Schleppe nachträgt ».

Daß Könige philosophieren oder Philosophen Könige würden, ist nicht zu erwarten, aber auch nicht zu wünschen, weil der Besitz der Gewalt das freie Urteil der Vernunft unvermeidlich verdirbt. Daß aber Könige oder königliche (sich selbst nach Gleichheitsgesetzen beherrschende) Völker die Klasse der Philosophen nicht schwinden oder verstummen,

maximes générales concernant la conduite de la guerre et la conclusion de la paix (ils le feront d'ailleurs spontanément pourvu qu'on ne le leur interdise pas) ; et l'accord sur ce point des États entre eux n'exige pas non plus, dans cette intention, une stipulation particulière, car celle-ci se trouve déjà comprise dans l'obligation dérivant de la raison humaine universelle (raison morale législative). – On ne veut cependant pas dire par là que l'État doit donner aux principes du philosophe la préférence sur les sentences du juriste (ce représentant de la puissance de l'État), mais seulement qu'il soit *entendu*. Le juriste qui a pris pour symbole la *balance* du droit et de plus le *glaive* de la justice use communément de ce dernier, non, à vrai dire, pour écarter seulement du droit toutes les influences étrangères, mais pour jeter dans le plateau qui ne penche pas le glaive (*vae victis*) ; ce qui tente fort le juriste qui n'est pas en même temps philosophe (pour la moralité même), parce que sa fonction exige seulement qu'il emploie les lois existantes, mais non qu'il recherche si celles-ci n'auraient pas besoin de quelque amélioration, et il estime que le rang en fait inférieur de sa Faculté est cependant le plus élevé parce que le pouvoir s'y trouve adjoint (il en va d'ailleurs également ainsi des deux autres Facultés). La Faculté de philosophie, cédant à ces puissances coalisées, se trouve à un degré très inférieur. Ainsi on dit de la philosophie qu'elle est la *servante* de la théologie (de même par rapport aux deux autres facultés). On ne distingue toutefois pas très bien « si elle précède sa gracieuse Dame, en portant le flambeau, ou si elle la suit en soutenant la traîne ».

On ne doit pas s'attendre à ce que des rois se mettent à philosopher ou que des philosophes deviennent rois ; ce n'est pas non plus désirable parce que détenir le pouvoir corrompt inévitablement le libre jugement de la raison. Mais que des rois ou des peuples rois (qui se gouvernent eux-mêmes d'après des lois d'égalité) ne permettent pas que la classe des philosophes disparaisse ou devienne muette, et les laissent au

sondern öffentlich sprechen lassen, ist beiden zu Beleuchtung ihres Geschäftes unentbehrlich, und weil diese Klasse ihrer Natur nach der Rottierung und Klubbenverbündung unfähig ist, wegen der Nachrede einer *Propagande* verdachtlos.

contraire s'exprimer librement, voilà qui est aux uns comme aux autres indispensable pour apporter de la lumière à leurs affaires, et parce que cette classe, du fait de son caractère même, est incapable de former des cabales et de se rassembler en clubs, elle ne peut être suspectée d'être accusée de *propagande*.

| ANHANG

I. Über die Mißhelligkeit zwischen der Moral und der Politik, in Absicht auf den ewigen Frieden

Die Moral ist schon an sich selbst eine Praxis in objektiver Bedeutung, als Inbegriff von unbedingt gebietenden Gesetzen, nach denen wir handeln *sollen,* und es ist offenbare Ungereimtheit, nachdem man diesem Pflichtbegriff seine Autorität zugestanden hat, noch sagen zu wollen, daß man es doch nicht könne. Denn alsdann fällt dieser Begriff aus der Moral von selbst weg (*ultra posse nemo obligatur*); mithin kann es keinen Streit der Politik als ausübender Rechtslehre mit der Moral, als einer solchen, aber theoretischen (mithin keinen Streit der Praxis mit der Theorie) geben: man müßte denn unter der letzteren eine allgemeine *Klugheitslehre,* d.i. eine Theorie der Maximen verstehen, zu seinen auf Vorteil berechneten Absichten die tauglichsten Mittel zu wählen, d.i. leugnen, daß es überhaupt eine Moral gebe.

Die Politik sagt: « *Seid klug wie die Schlangen* » ; die Moral setzt (als einschränkende Bedingung) hinzu : « *und ohne Falsch wie die Tauben.* » Wenn beides nicht in einem Gebote zusammen bestehen kann, so ist wirklich ein Streit der Politik mit der Moral; soll aber doch durchaus beides vereinigt sein, so ist der Begriff

DU DÉSACCORD ENTRE LA MORALE ET LA POLITIQUE
RELATIVEMENT A LA PAIX PERPÉTUELLE

Déjà par elle-même, la morale est une pratique au sens objectif, en tant que comprenant des lois ordonnant sans condition, conformément auxquelles nous *devons* agir, et c'est une absurdité évidente, après avoir admis l'autorité de cette notion du devoir, de vouloir prétendre qu'on ne peut le remplir. Car dans ce cas la notion tombe d'elle-même (*ultra posse nemo obligatur*) ; ainsi il ne saurait s'élever de conflit entre la politique, en tant que doctrine pratique du droit et la morale comme telle, mais théorique (donc aucun conflit entre la théorie et la pratique), à moins d'entendre par morale une *doctrine* générale de *prudence* c'est-à-dire une théorie de maximes pour choisir les moyens les plus propres à réaliser nos vues intéressées, ce qui revient à nier d'une manière générale l'existence d'une morale.

La politique dit : «*Ayez la prudence des serpents*» : la morale ajoute (comme condition restrictive) : «*Et la simplicité des colombes*». Si ces deux choses ne peuvent se concilier en un même commandement, il se produit alors véritablement un conflit entre la politique et la morale ; mais si elles doivent absolument s'unir, la notion du contraire est absurde et la

vom Gegenteil absurd, und die Frage, wie jener Streit auszugleichen sei, läßt sich gar nicht einmal als Aufgabe hinstellen. Obgleich der Satz: *Ehrlichkeit ist die beste Politik,* eine Theorie enthält, der die Praxis leider! sehr häufig widerspricht, so ist doch der gleichfalls theoretische: *Ehrlichkeit ist besser denn alle Politik,* über allen Einwurf unendlich erhaben, ja die unumgängliche Bedingung der letzteren. Der Grenzgott der Moral weicht nicht dem Jupiter (dem Grenzgott der Gewalt); denn dieser steht noch unter dem Schicksal, d.i. die Vernunft ist nicht erleuchtet genug, die Reihe der vorherbestimmenden Ursachen zu übersehen, die den glücklichen oder schlimmen Erfolg aus dem Tun und Lassen der Menschen nach dem Mechanism der Natur mit Sicherheit vorherverkündigen (obgleich ihn dem Wunsche gemäß hoffen) lassen. Was man aber zu tun habe, um im Gleise der Pflicht (nach Regeln der Weisheit) zu bleiben, dazu und hiermit zum Endzweck leuchtet sie uns überall hell genug vor.

371 | Nun gründet aber der Praktiker (dem die Moral bloße Theorie ist) seine trostlose Absprechung unserer gutmütigen Hoffnung (selbst bei eingeräumtem *Sollen* und *Können*) eigentlich darauf: daß er aus der Natur des Menschen vorherzusehen vorgibt, er *werde* dasjenige nie wollen, was erfordert wird, um jenen zum ewigen Frieden hinführenden Zweck zustande zu bringen. – Freilich ist das Wollen *aller einzelnen* Menschen, in einer gesetzlichen Verfassung nach Freiheitsprinzipien zu leben (die *distributive* Einheit des Willens *aller*), zu diesem Zweck nicht hinreichend, sondern daß alle *zusammen* diesen Zustand wollen (die *kollektive* Einheit des vereinigten Willens); diese Auflösung einer schweren Aufgabe wird noch dazu erfordert, damit ein Ganzes der bürgerlichen Gesellschaft werde; und da also über diese Verschiedenheit des partikularen Wollens aller noch eine vereinigende Ursache desselben hinzukommen muß, um einen gemeinschaftlichen Willen herauszubringen, welches keiner von allen vermag: so ist

question de savoir comment résoudre ce conflit, ne peut même pas se poser comme problème. Bien que la proposition : *La droiture est la meilleure des politiques*, contienne une théorie que la pratique, hélas ! contredit bien souvent, la proposition théorique aussi : *La droiture vaut mieux que toute politique* est infiniment au-dessus de toute objection, elle est même la condition inéluctable de la politique. Le dieu Terme de la morale ne le cède pas à Jupiter (le dieu Terme de la force) ; car celui-ci est encore soumis au Destin c'est-à-dire que la raison n'est pas encore assez éclairée pour embrasser la série des causes prédéterminantes qui annoncent par avance avec certitude l'issue heureuse ou malheureuse des actions humaines suivant le mécanisme de la nature (tout en permettant de l'espérer conforme à nos vœux). Toutefois elle nous éclaire toujours d'une façon suffisamment lumineuse pour savoir ce que nous avons à faire afin de suivre fidèlement le chemin du devoir (selon les règles de la sagesse) et arriver ainsi au but final.

| Or, le praticien (pour qui la morale n'est qu'une théorie), **371** fonde (tout en convenant même du *devoir* et du *pouvoir*) son désolant refus d'admettre notre douce espérance, en réalité sur ce qu'il prétend prévoir, d'après la nature de l'homme, à savoir que celui-ci ne *voudra* jamais consentir à ce qui est exigé pour réaliser cette fin qui conduit à la paix perpétuelle. Il est vrai que la volonté de tous les hommes, *pris individuellement*, de vivre sous une constitution légale suivant des principes de liberté (c'est-à-dire l'unité *distributive* de la volonté de *tous*) ne suffit pas pour cette fin, mais il faut que tous ensemble veuillent parvenir à cette condition (il faut l'unité *collective* des volontés unies) ; cette solution d'un problème difficile est encore exigée afin que la société civile forme une totalité ; et puisqu'il faut qu'à cette diversité de toutes les volontés particulières vienne se surajouter encore une cause qui les unisse pour produire une volonté commune, ce que ne peut effectuer aucun d'entre eux, on ne peut

in der *Ausführung* jener Idee (in der Praxis) auf keinen andern Anfang des rechtlichen Zustandes zu rechnen als den durch *Gewalt,* auf deren Zwang nachher das öffentliche Recht gegründet wird; welches dann freilich (da man ohnedem des Gesetzgebers moralische Gesinnung hierbei wenig in Anschlag bringen kann, er werde, nach geschehener Vereinigung der wüsten Menge in ein Volk, diesem es nun überlassen, eine rechtliche Verfassung durch ihren gemeinsamen Willen zustande zu bringen) große Abweichungen von jener Idee (der Theorie) in der wirklichen Erfahrung schon zum voraus erwarten läßt.

Da heißt es dann: wer einmal die Gewalt in Händen hat, wird sich vom Volk nicht Gesetze vorschreiben lassen. Ein Staat, der einmal im Besitz ist, unter keinen äußeren Gesetzen zu stehen, wird sich in Ansehung der Art, wie er gegen andere Staaten sein Recht suchen soll, nicht von ihrem Richterstuhl abhängig machen, und selbst ein Weltteil, wenn er sich einem andern, der ihm übrigens nicht im Wege ist, überlegen fühlt, wird das Mittel der Verstärkung seiner Macht durch Beraubung oder gar Beherrschung desselben nicht unbenutzt lassen; und so zerrinnen nun alle Plane der Theorie für das Staats-, Völker- und Weltbürgerrecht in sachleere, unausführbare Ideale; dagegen eine Praxis, die auf empirische Prinzipien der menschlichen Natur gegründet ist, welche es nicht für zu niedrig hält, aus der Art, wie es in der Welt zugeht, Belehrung für ihre Maximen zu ziehen, einen sicheren Grund für ihr Gebäude der Staatsklugheit zu finden allein hoffen könne.

372 | Freilich, wenn es keine Freiheit und darauf gegründetes moralisches Gesetz gibt, sondern alles, was geschieht oder geschehen kann, bloßer Mechanism der Natur ist, so ist Politik (als Kunst, diesen zur Regierung der Menschen zu benutzen) die ganze praktische Weisheit, und der Rechtsbegriff ein sachleerer Gedanke. Findet man diesen aber doch unumgänglich nötig mit der Politik zu verbinden, ja ihn gar zur einschränkenden

compter pour l'*exécution* de cette idée (dans la pratique) sur aucun autre commencement de la condition légale qu'un commencement par la *force*, et sur cette contrainte s'établira ensuite le droit public ; mais il est évident que par suite (car on ne peut guère compter d'ailleurs sur l'intention morale du législateur de permettre au peuple, après l'avoir formé par la réunion d'une foule inculte, d'établir, par volonté générale, une constitution légale) il faudra s'attendre déjà par avance à de grands écarts entre cette Idée (de la théorie) et la réalité de l'expérience.

On dit alors : celui qui dispose du pouvoir, ne saurait tolérer que le peuple lui prescrive des lois. Un État qui en est arrivé au point de n'être soumis à aucune loi extérieure, quand il s'agira de la manière de poursuivre son droit à l'égard d'autres États, n'acceptera pas de dépendre de leur tribunal ; et même une partie du monde qui se sent supérieure à une autre qui d'ailleurs ne lui fait pas d'opposition, ne se privera pas pour augmenter sa puissance d'user du moyen qui consiste à la dépouiller ou même à la dominer ; c'est ainsi que se dissipent tous les plans, de la théorie, concernant le droit public, le droit des gens et le droit cosmopolitique, en idéals creux et irréalisables ; une pratique au contraire, fondée sur des principes empiriques de la nature humaine, qui ne considère pas comme au-dessous d'elle d'emprunter à la manière dont va le monde des enseignements pour ses maximes, peut seule espérer rencontrer un fondement solide pour son édifice de sagesse politique.

| Assurément, s'il n'existe pas de liberté, ni de loi morale 372 fondée sur elle, et si tout ce qui arrive ou peut arriver, résulte d'un pur mécanisme de la nature, dans ce cas la politique (en tant qu'art d'utiliser ce mécanisme pour le gouvernement des hommes) constitue toute la sagesse pratique et la notion du droit n'est plus qu'une idée dépourvue de toute réalité. Si toutefois, on considère comme absolument nécessaire d'unir cette notion à la politique et même de l'élever jusqu'à en faire

Bedingung der letztern zu erheben, so muß die Vereinbarkeit
beider eingeräumt werden. Ich kann mir nun zwar einen
moralischen Politiker, d.i. einen, der die Prinzipien der
Staatsklugheit so nimmt, daß sie mit der Moral zusammen
bestehen können, aber nicht einen *politischen Moralisten*
denken, der sich eine Moral so schmiedet, wie es der Vorteil des
Staatsmanns sich zuträglich findet.

Der moralische Politiker wird es sich zum Grundsatz
machen: wenn einmal Gebrechen in der Staatsverfassung oder
im Staatenverhältnis angetroffen werden, die man nicht hat
verhüten können, so sei es Pflicht, vornehmlich für Staatsoberhäupter, dahin bedacht zu sein, wie sie sobald wie möglich
gebessert und dem Naturrecht, so wie es in der Idee der Vernunft
uns zum Muster vor Augen steht, angemessen gemacht werden
könne: sollte es auch ihrer Selbstsucht Aufopferungen kosten.
Da nun die Zerreißung eines Bandes der staats- oder weltbürgerlichen Vereinigung, ehe noch eine bessere Verfassung an
die Stelle derselben zu treten in Bereitschaft ist, aller hierin mit
der Moral einhelligen Staatsklugheit zuwider ist: so wäre es
zwar ungereimt, zu fordern, jenes Gebrechen müsse sofort und
mit Ungestüm abgeändert werden; aber daß wenigstens die
Maxime der Notwendigkeit einer solchen Abänderung
dem Machthabenden innigst beiwohne, um in beständiger
Annäherung zu dem Zwecke (der nach Rechtsgesetzen besten
Verfassung) zu bleiben, das kann doch von ihm gefordert
werden. Ein Staat kann sich auch schon republikanisch *regieren,*
wenn er gleich noch der vorliegenden Konstitution nach
despotische *Herrschermacht* besitzt: bis allmählich das Volk des
Einflusses der bloßen Idee der Autorität des Gesetzes (gleich
als ob es physische Gewalt besäße) fähig wird und sonach zur
eigenen Gesetzgebung (welche ursprünglich auf Recht
gegründet ist) tüchtig befunden wird. Wenn auch durch
den Ungestüm einer von der schlechten Verfassung erzeugten
Revolution unrechtmäßigerweise eine gesetzmäßigere
errungen wäre, so würde es doch auch alsdann nicht mehr für
erlaubt gehalten werden müssen, das Volk wieder

la condition limitant cette dernière, il faudra bien admettre la possibilité de leur accord. Or, je puis bien me représenter une *politique morale*, c'est-à-dire un homme qui conçoit les principes de la politique comme conciliables avec la morale, mais non un *moraliste politique* qui se fabrique une morale à la convenance des intérêts de l'homme d'État.

Voici le principe qu'adoptera la politique morale : s'il se rencontre dans la constitution de l'État, ou dans les relations avec les autres États quelque vice qu'on n'a pas pu empêcher de se produire, que ce soit un devoir, notamment pour les chefs d'États, de prendre garde à la façon dont on pourra le corriger au plus tôt et le rendre conforme au droit naturel tel qu'il se trouve devant nos yeux comme modèle dans l'idée de la raison, quand bien même il en coûterait des sacrifices à leur égoïsme. Or, comme rompre un lien de l'union des États ou de l'union cosmopolitique avant que soit prête une constitution meilleure, destinée à la remplacer, est contraire à toute espèce de sagesse politique, laquelle est en accord absolu avec la morale, il serait, il est vrai, absurde d'exiger qu'il soit remédié à ce vice immédiatement et brutalement ; cependant on peut bien demander à celui qui détient le pouvoir qu'il ait toujours présente à son esprit la maxime qu'un tel changement est nécessaire afin de se rapprocher constamment du but (la constitution la meilleure d'après les lois du droit). Un État peut bien déjà se *gouverner* à la façon républicaine, quoiqu'il conserve encore suivant la constitution en vigueur une *souveraineté* despotique ; jusqu'à ce que graduellement le peuple devienne apte à subir l'influence de la simple idée de l'autorité de la loi (tout comme si cette loi disposait de la force physique) et soit jugé capable de légiférer pour lui-même (ce qui est fondé originairement en droit). Même si la violence d'une *révolution* produite par une constitution défectueuse, faisait obtenir, d'ailleurs illégitimement une constitution plus conforme à la loi, il ne faudrait pas cependant considérer comme licite de réintroduire chez ce peuple la constitution

auf die alte zurückzuführen, obgleich während derselben jeder,
der sich damit gewalt | tätig oder arglistig bemengt, mit Recht den
Strafen des Aufrührers unterworfen sein würde. Was aber das
äußere Staatenverhältnis betrifft, so kann von einem Staat nicht
verlangt werden, daß er seine, obgleich despotische, Verfassung
(die aber doch die stärkere in Beziehung auf äußere Feinde ist)
ablegen solle, solange er Gefahr läuft, von andern Staaten sofort
verschlungen zu werden; mithin muß bei jenem Vorsatz
doch auch die Verzögerung der Ausführung bis zu besserer
Zeitgelegenheit erlaubt sein[1].

Es mag also immer sein, daß die despotisierende (in
der Ausübung fehlende) Moralisten wider die Staatsklugheit
(durch übereilt genommene oder angepriesene Maßregeln)
mannigfalt verstoßen: so muß sie doch die Erfahrung bei
diesem ihrem Verstoß wider die Natur nach und nach in ein
besseres Gleis bringen; statt dessen die moralisierende Politiker,
durch Beschönigung rechtswidriger Staatsprinzipien, unter
dem Vorwande einer des Guten nach der Idee, wie sie die
Vernunft vorschreibt, nicht *fähigen* menschlichen Natur, soviel
an ihnen ist, das Besserwerden *unmöglich machen* und die
Rechtsverletzung verewigen.

Statt der Praxis, deren sich diese staatskluge Männer rühmen,
gehen sie mit Praktiken um, indem sie bloß darauf bedacht sind,
dadurch, daß sie der jetzt herrschenden Gewalt zum Munde reden

---

1. Dies sind Erlaubnisgesetze der Vernunft, den Stand eines mit
Ungerechtigkeit behafteten öffentlichen Rechts noch so lange beharren zu
lassen, bis zur völligen Umwälzung alles entweder von selbst gereift oder
durch friedliche Mittel der Reife nahe gebracht worden, weil doch irgendeine
rechtliche, obzwar nur in geringem Grade rechtmäßige Verfassung besser
ist als gar keine, welches letztere Schicksal (der Anarchie) eine *übereilte*
Reform treffen würde. – Die Staatsweisheit wird sich also in dem Zustande,
worin die Dinge jetzt sind, Reformen dem Ideal des öffentlichen
Rechts angemessen zur Pflicht machen; Revolutionen aber, wo sie die
Natur von selbst herbeiführt, nicht zur Beschönigung einer noch
größeren Unterdrückung, sondern als Ruf der Natur benutzen, eine auf
Freiheitsprinzipien gegründete gesetzliche Verfassung, als die einzige
dauerhafte, durch gründliche Reform zustande zu bringen.

antérieure, quoique tous ceux qui auraient participé à cette révolution | par la violence ou la ruse, puissent à juste titre **373** encourir le châtiment réservé aux rebelles. Relativement aux relations extérieures des États, on ne peut exiger d'un peuple de renoncer à sa constitution encore que despotique (constitution d'ailleurs offrant le plus de ressources contre les ennemis de l'extérieur), aussi longtemps qu'il court le risque d'être absorbé aussitôt par d'autres États; en conséquence, il faut qu'on puisse renvoyer l'exécution de ce dessein à une époque ultérieure plus favorable [1].

Il peut donc se faire que les moralistes despotiques (qui pêchent dans la pratique) se trompent maintes fois au point de vue politique (du fait de mesures hâtivement prises ou préconisées), l'expérience toutefois doit, quand ils violent ainsi la nature, les ramener nécessairement peu à peu dans une voie meilleure; au contraire, les politiques moralisateurs, en fardant des principes politiques, opposés au droit, en invoquant le prétexte que la nature humaine est *inapte* au Bien d'après l'Idée que prescrit la raison, *rendent impossible*, dans la mesure de leur force, toute amélioration et éternisent la violation du droit.

Ces fins politiques ne mettent pas en œuvre, comme il s'en font gloire, la *pratique*, mais des *pratiques*, tandis qu'ils ne

---

1. Ces lois sont des permissions de la raison, autorisant à laisser en vigueur un droit public entaché d'injustice jusqu'à ce que tout soit spontanément devenu mûr pour une révolution complète ou bien se soit rapproché de la maturité grâce à des moyens pacifiques; parce qu'enfin n'importe quelle constitution *juridique*, si peu conforme au droit soit-elle, vaut mieux que pas de constitution du tout; elle est préférable à l'anarchie qui résulterait infailliblement d'une réforme *précipitée*. – La sagesse politique considérera donc comme de son devoir, en l'état actuel des choses, de réaliser des réformes conformes à l'idéal du droit public et quant aux révolutions, de les utiliser, si la nature les a spontanément produites, non pas pour pallier une oppression encore plus forte, mais comme un appel de la nature, pour établir grâce à une réforme profonde une constitution légale, fondée sur les principes de liberté, comme étant la seule durable.

(um ihren Privatvorteil nicht zu verfehlen), das Volk und womöglich die ganze Welt preiszugeben; nach der Art echter Juristen (vom *Handwerke,* nicht von der *Gesetzgebung*), wenn sie sich bis zur Politik versteigen. Denn da dieser ihr Geschäfte nicht ist, über Gesetzgebung selbst zu vernünfteln, sondern die gegenwärtigen Gebote des Landrechts zu vollziehen, so muß ihnen jede jetzt vorhandene gesetzliche Verfassung und, wenn diese höhern Orts abgeändert wird, die nun folgende immer die 374 beste sein; wo dann alles so in | seiner gehörigen mechanischen Ordnung ist. Wenn aber diese Geschicklichkeit, für alle Sättel gerecht zu sein, ihnen den Wahn einflößt, auch über Prinzipien einer *Staatsverfassung* überhaupt nach Rechtsbegriffen (mithin *a priori*, nicht empirisch) urteilen zu können; wenn sie darauf groß tun, Menschen zu kennen (welches freilich zu erwarten ist, weil sie mit vielen zu tun haben), ohne doch *den Menschen,* und was aus ihm gemacht werden kann, zu kennen (wozu ein höherer Standpunkt der anthropologischen Beobachtung erfordert wird), mit diesen Begriffen aber versehen, ans Staats- und Völkerrecht, wie es die Vernunft vorschreibt, gehen: so können sie diesen Überschritt nicht anders als mit dem Geist der Schikane tun, indem sie ihr gewohntes Verfahren (eines Mechanisms nach despotisch gegebenen Zwangsgesetzen) auch da befolgen, wo die Begriffe der Vernunft einen nur nach Freiheitsprinzipien gesetzmäßigen Zwang begründet wissen wollen, durch welchen allererst eine zu Recht beständige Staatsverfassung möglich ist; welche Aufgabe der vorgebliche Praktiker mit Vorbeigehung jener Idee empirisch, aus Erfahrung, wie die bisher noch am besten bestandenen, mehrenteils aber rechtswidrigen Staatsverfassungen eingerichtet waren, lösen zu können glaubt. – Die Maximen, deren er sich hierzu bedient (ob er sie zwar nicht laut werden läßt), laufen ohngefähr auf folgende sophistische Maximen hinaus.

songent en flattant les puissances du moment (pour ne pas manquer de servir leurs intérêts particuliers), qu'à sacrifier le peuple et, si possible, l'univers entier : à la manière d'authentiques juristes (de *profession*, et nullement *législateurs*), lorsqu'ils se risquent dans la politique. Leur affaire n'est pas, en effet, de raisonner sur la législation ; mais d'appliquer ce qu'ordonne actuellement le code civil ; il s'ensuit que toute constitution présentement en vigueur et la suivante, si l'on modifie celle-ci en haut lieu, doivent nécessairement être toujours pour eux les meilleures ; tout y marche | dans l'ordre **374** mécanique convenable. Cependant quand cette dextérité à se maintenir en selle en toute circonstance leur donne l'illusion de pouvoir aussi juger des principes d'une *constitution politique* en général suivant des concepts de droit (*a priori* par suite et non empiriquement) ; quand ensuite ils font étalage de leur connaissance *des hommes* (ce à quoi on doit assurément s'attendre puisqu'ils ont affaire à beaucoup de gens), sans toutefois connaître *l'homme* et savoir ce que l'on en peut faire (parce qu'il faut pour cela se placer au point de vue plus élevé de l'observation anthropologique), et que, nantis de ces notions, ils entreprennent le droit public et le droit des gens, comme le prescrit la raison, ils ne pourront franchir ce passage que dans un esprit de chicane, en appliquant leurs procédés habituels (ceux d'un mécanisme suivant des lois de contrainte despotiquement imposées) même là où les concepts de la raison ne veulent connaître qu'une contrainte légale établie d'après des principes de liberté, par laquelle seule est possible une constitution politique existant légitimement ; c'est là un problème que le prétendu praticien croît pouvoir résoudre, en négligeant cette idée, empiriquement, par l'expérience de la façon dont se sont jusqu'ici organisées les constitutions politiques les plus solides, mais contraires au droit pour la plupart. – Les maximes dont il use dans ce but (bien qu'il ne les exprime pas ouvertement) se ramènent à peu près aux maximes sophistiques suivantes :

1. *Fac et excusa*. Ergreife die günstige Gelegenheit zur eigenmächtigen Besitznehmung (entweder eines Rechts des Staats über sein Volk, oder über ein anderes benachbarte); die Rechtfertigung wird sich weit leichter und zierlicher *nach der Tat* vortragen und die Gewalt beschönigen lassen (vornehmlich im ersten Fall, wo die obere Gewalt im Innern sofort auch die gesetzgebende Obrigkeit ist, der man gehorchen muß, ohne darüber zu vernünfteln), als wenn man zuvor auf überzeugende Gründe sinnen und die Gegengründe darüber noch erst abwarten wollte. Diese Dreistigkeit selbst gibt einen gewissen Anschein von innerer Überzeugung der Rechtmäßigkeit der Tat, und der Gott *bonus eventus* ist nachher der beste Rechtsvertreter.

2. *Si fecisti, nega*. Was du selbst verbrochen hast, z. B. um dein Volk zur Verzweiflung und so zum Aufruhr zu bringen, das leugne ab, daß es *deine* Schuld sei; sondern behaupte, daß es die der Widerspenstigkeit der Untertanen oder auch, bei deiner Bemächtigung eines benachbarten Volks, die Schuld der Natur des Menschen sei, der, wenn er dem | anderen nicht mit Gewalt zuvorkommt, sicher darauf rechnen kann, daß dieser ihm zuvorkommen und sich seiner bemächtigen werde.

3. *Divide et impera*. Das ist: sind gewisse privilegierte Häupter in deinem Volk, welche dich bloß zu ihrem Oberhaupt (*primus inter pares*) gewählt haben, so veruneinige jene unter einander und entzweie sie mit dem Volk: stehe nun dem letzteren unter Vorspiegelung größerer Freiheit bei, so wird alles von deinem unbedingten Willen abhängen. Oder sind es äußere Staaten, so ist Erregung der Mißhelligkeit unter ihnen ein ziemlich sicheres Mittel, unter dem Schein des Beistandes des Schwächeren einen nach dem anderen dir zu unterwerfen.

Durch diese politische Maximen wird nun zwar niemand hintergangen; denn sie sind insgesamt schon allgemein bekannt; auch ist es mit ihnen nicht der Fall sich zu schämen, als ob die Ungerechtigkeit gar zu offenbar in die Augen leuchtete. Denn weil sich große Mächte nie vor dem Urteil des gemeinen Haufens, sondern nur eine vor der andern schämen, was aber jene

1) *Fac et excusa*. Saisis l'occasion favorable pour t'emparer de ta propre autorité (d'un droit de l'état soit sur le peuple, soit sur un peuple voisin). La justification s'en fera plus aisément et plus élégamment *après l'action*, et il en sera de même pour colorer l'emploi de la violence (surtout dans le premier cas, lorsque le pouvoir suprême à l'intérieur se trouve être immédiatement aussi l'autorité législative à laquelle il faut obéir sans raisonner); cela vaut mieux que s'il fallait songer auparavant à des arguments convaincants et qui plus est, attendre que l'on présente des objections. Cette audace même donne quelque apparence que l'on est intérieurement convaincu de la légitimité de l'action et le dieu du *bonus eventus* est ensuite le meilleur avocat.

2) *Si fecisti, nega*. Quand à tes méfaits qui ont par exemple mis ton peuple au désespoir et l'ont poussé à la révolte, nie en être la cause; affirme, au contraire, que la faute en est au mauvais esprit de tes sujets, ou bien, si tu t'empares d'une nation voisine, accuse la nature de l'homme qui, s'il ne | prévient pas son prochain par la violence, peut compter avec **375** certitude que celui-ci le préviendra et s'emparera de lui.

3) *Divide et impera*. Voici: s'il y a parmi ton peuple certains chefs privilégiés qui t'ont simplement choisi comme leur souverain (*primus inter pares*), sème entre eux la discorde et brouille-les avec le peuple; soutiens ce dernier en lui promettant fallacieusement plus de liberté, et tous dépendront de ta volonté absolue. Mais s'il s'agit d'États étrangers, exciter le désaccord entre eux est un moyen assez sûr, pour les soumettre les uns après les autres, en affectant de soutenir en apparence le plus faible.

Ces maximes politiques, il est vrai, ne trompent personne; car elles sont toutes déjà universellement connues; on n'a pas non plus à en avoir honte, comme si l'injustice en frappait trop la vue. Le jugement de la foule, en effet, ne rend pas confuses les grandes puissances; elles ne redoutent que celui qu'elles

Grundsätze betrifft, nicht das Offenbarwerden, sondern nur das *Mißlingen* derselben sie beschämt machen kann (denn in Ansehung der Moralität der Maximen kommen sie alle untereinander überein), so bleibt ihnen immer die *politische Ehre* übrig, auf die sie sicher rechnen können, nämlich die *der Vergrößerung ihrer Macht,* auf welchem Wege sie auch erworben sein mag [1].

1. Wenngleich eine gewisse in der menschlichen Natur gewurzelte Bösartigkeit von *Menschen,* die in einem Staatzusammenleben, noch bezweifelt und statt ihrer der Mangel einer noch nicht weit genug fortgeschrittenen Kultur (die Rohigkeit) zur Ursache der gesetzwidrigen Erscheinungen ihrer Denkungsart mit einigem Scheine angeführt werden möchte, so fällt sie doch im äußeren Verhältnis der *Staaten* gegeneinander ganz unverdeckt und unwidersprechlich in die Augen. Im Innern jedes Staats ist sie durch den Zwang der bürgerlichen Gesetze verschleiert, weil der Neigung zur wechselseitigen Gewalttätigkeit der Bürger eine größere Gewalt, nämlich die der Regierung, mächtig entgegenwirkt, und so nicht allein dem Ganzen einen moralischen Anstrich (*causae non causae*) gibt, sondern auch dadurch, daß dem Ausbruch gesetzwidriger Neigungen ein Riegel vorgeschoben wird, die Entwicklung der moralischen Anlage zur unmittel | baren Achtung fürs Recht wirklich viel Erleichterung bekommt. – Denn ein jeder glaubt nun von sich, daß er wohl den Rechtsbegriff heilig halten und treu befolgen würde, wenn er sich nur von jedem andern eines Gleichen gewärtigen könnte, welches letztere ihm die Regierung zum Teil sichert; wodurch dann ein großer Schritt *zur* Moralität (obgleich noch nicht moralischer Schritt) getan wird, diesem Pflichtbegriff auch um seiner selbst willen, ohne Rücksicht auf Erwiderung, anhänglich zu sein. – Da ein jeder aber bei seiner guten Meinung von sich selber, doch die böse Gesinnung bei allen anderen voraussetzt, so sprechen sie einander wechselseitig ihr Urteil: daß sie alle, was das *Faktum* betrifft, wenig taugen (woher es komme, da es doch der *Natur* des Menschen, als eines freien Wesens, nicht Schuld gegeben werden kann, mag unerörtert bleiben). Da aber doch auch die Achtung für den Rechtsbegriff, deren der Mensch sich schlechterdings nicht entschlagen kann, die Theorie des Vermögens, ihm angemessen zu werden, auf das Feierlichste sanktioniert, so sieht ein jeder, daß er seinerseits jenem gemäß handeln müsse, andere mögen es halten, wie sie wollen.

portent les unes sur les autres et ce n'est pas non plus la révélation publique de ces principes qui peut les rendre honteuses, mais leur *insuccès* (car pour ce qui est de la moralité des maximes, elles sont toutes du même avis sur ce point); ainsi il leur reste toujours l'*honneur politique*, sur lequel elles peuvent compter à coup sûr, à savoir l'honneur d'avoir *agrandi leur puissance* quelle que soit le moyen grâce auquel elles ont pu acquérir ce résultat[1].

---

1. Quoiqu'une certaine perversité enracinée dans la nature humaine soit encore mise en doute relativement aux *hommes* qui vivent en société dans un État, et que l'on pourrait avec quelque apparence considérer comme cause des manifestations de leur mentalité qui sont contraires à la loi, au lieu de cette perversité, la déficience d'une civilisation encore trop peu avancée (c'est-à-dire la barbarie), elle saute aux yeux toutefois, sans voile et sans contradiction possible, si l'on examine les *États* dans leurs mutuels rapports extérieurs. À l'intérieur de chaque État, elle se masque sous la contrainte des lois civiles parce qu'au penchant des citoyens à user réciproquement de violences, s'oppose puissamment une puissance plus grande, celle du gouvernement, qui donne ainsi à l'ensemble une couleur de moralité (*causae non causae*); de plus, le verrou mis au déchaînement d'inclinations contraires à la loi rend le développement de la disposition morale à respecter immédiatement le droit, en vérité bien plus facile. – Car chacun a désormais de lui-même l'opinion qu'il considérerait sans doute la notion du droit comme sacrée et s'y conformerait fidèlement, s'il pouvait s'attendre à ce que chacun en fît autant; ce qu'en une certaine mesure le gouvernement lui garantit; on effectue ainsi un grand pas *vers* la moralité (bien que ce pas n'ait pas encore un caractère moral) qui consiste à s'attacher à la notion de devoir pour elle-même, sans considérer si l'on sera payé de retour. – Or, comme un chacun, tout en ayant bonne opinion de soi-même, présume que tous les autres sont mal intentionnés, les hommes se jugent par suite les uns les autres comme, sans exception, ne valant pas cher, relativement au *fait* (*factum*) (quelle en est la raison, puisqu'on ne peut en accuser la *nature* de l'homme en tant qu'être libre, nous ne l'éclaircirons pas ici). Cependant comme le respect pour la notion du droit, respect dont l'homme ne peut absolument pas se défaire, sanctionne de la façon la plus solennelle la théorie qui nous attribue le pouvoir de la réaliser, chacun voit bien que pour sa part, il doit agir conformément à elle; sans se préoccuper de ce que font les autres.

Aus allen diesen Schlangenwendungen einer unmoralischen Klugheitslehre, den Friedenszustand unter Menschen aus dem kriegerischen des Naturzustandes herauszubringen, erhellt

376 wenigstens so viel: daß die | Menschen, ebensowenig in ihren Privatverhältnissen als in ihren öffentlichen, dem Rechtsbegriff entgehen können und sich nicht getrauen, die Politik öffentlich bloß auf Handgriffe der Klugheit zu gründen, mithin dem Begriffe eines öffentlichen Rechts allen Gehorsam aufzukündigen (welches vornehmlich in dem des Völkerrechts auffallend ist), sondern ihm an sich alle gebührende Ehre widerfahren lassen, wenn sie auch hundert Ausflüchte und Bemäntelungen aussinnen sollten, um ihm in der Praxis auszuweichen und der verschmitzten Gewalt die Autorität anzudichten, der Ursprung und der Verband alles Rechts zu sein. – Um dieser Sophisterei (wenngleich nicht der durch sie beschönigten Ungerechtigkeit) ein Ende zu machen und die falschen *Vertreter* der Mächtigen der Erde zum Geständnisse zu bringen, daß es nicht das Recht, sondern die Gewalt sei, der sie zum Vorteil sprechen, von welcher sie, gleich als ob sie selbst hierbei was zu befehlen hätten, den Ton annehmen, wird es gut sein, das Blendwerk aufzudekken, womit man sich und andere hintergeht, das oberste Prinzip, von dem die Absicht auf den ewigen Frieden ausgeht, ausfindig zu machen und zu zeigen: daß alles das Böse, was ihm im Wege ist, davon herrühre, daß der politische Moralist da anfängt, wo der moralische Politiker billigerweise endigt, und, indem er so die Grundsätze dem Zweck unterordnet (d.i. die Pferde hinter den Wagen spannt), seine eigene Absicht vereitelt, die Politik mit der Moral in Einverständnis zu bringen.

Um die praktische Philosophie mit sich selbst einig zu machen, ist nötig, zuvörderst die Frage zu entscheiden: ob in

377 Aufgaben der praktischen | Vernunft vom *materialen Prinzip* derselben, dem *Zweck* (als Gegenstand der Willkür), der Anfang gemacht werden müsse, oder vom *formalen,* d.i. demjenigen (bloß auf Freiheit im äußern Verhältnis gestellten), darnach es heißt: Handle so, daß du wollen kannst, deine Maxime solle ein

De tous ces détours astucieux employés par une sagesse immorale pour faire naître parmi les hommes de l'état de guerre, qui est l'état de nature, l'ère de paix, il ressort tout au moins que les | hommes, aussi bien dans leurs rapports parti- 376 culiers, que dans leurs rapports publics, ne peuvent échapper à la notion du droit et qu'ils n'osent pas fonder ouvertement la politique uniquement sur des artifices de prudence et par suite refuser toute soumission à la notion de droit public (ce qui est surtout frappant en ce qui touche le droit des gens) ; bien au contraire, ils lui rendent tous les honneurs qui lui reviennent quand bien même ils devraient inventer cent prétextes ou déguisements pour lui échapper dans la pratique et pour faussement imputer à la force mêlée de ruse cette autorité d'être l'origine et le lien de tout droit. – Pour mettre fin à cette sophistique (non il est vrai, à l'injustice qu'elle colore) et pour faire avouer aux perfides *représentants* des puissants de la terre qu'ils ne parlent pas en faveur du droit, mais de la violence, dont ils empruntent même le ton, comme s'ils avaient en ce cas à commander, il ne sera pas mauvais de dissiper l'illusion grâce à laquelle l'on se trompe soi et les autres, de découvrir le principe supérieur d'où dérive l'intention de la paix perpétuelle et de montrer que tout le mal qui lui fait obstacle, provient de ce que le moraliste politique commence là où doit en toute équité finir le politique moral ; subordonnant ainsi les principes au but (c'est-à-dire en mettant la charrue devant les bœufs), il empêche la réalisation de son intention propre, à savoir concilier la politique et la morale.

Pour mettre la philosophie pratique d'accord avec elle-même, il est nécessaire de résoudre tout d'abord la question de savoir si, en ce qui concerne les problèmes de la raison | pratique, il faut prendre comme point de départ *le principe* 377 *matériel, la fin* (en tant qu'objet du libre arbitre) ou le *principe formel* (ne visant que la liberté dans les conditions extérieures) qui dit ceci : Agis de telle sorte que tu puisses

allgemeines Gesetz werden (der Zweck mag sein, welcher er wolle).

Ohne alle Zweifel muß das letztere Prinzip vorangehen; denn es hat als Rechtsprinzip unbedingte Notwendigkeit, statt dessen das erstere nur unter Voraussetzung empirischer Bedingungen des vorgesetzten Zwecks, nämlich der Ausführung desselben, nötigend ist, und wenn dieser Zweck (z. B. der ewige Friede) auch Pflicht wäre, so müßte doch diese selbst aus dem formalen Prinzip der Maximen, äußerlich zu handeln, abgeleitet worden sein. – Nun ist das erstere Prinzip, das des *politischen Moralisten* (das Problem des Staats-, Völker- und Weltbürgerrechts), eine bloße Kunstaufgabe (*problema technicum*); das zweite dagegen, als Prinzip des *moralischen Politikers,* welchem es eine *sittliche Aufgabe* (*problema morale*) ist, im Verfahren von dem anderen himmelweit unterschieden, um den ewigen Frieden, den man nun nicht bloß als physisches Gut, sondern auch als einen aus Pflichtanerkennung hervorgehenden Zustand wünscht, herbeizuführen.

Zur Auflösung des ersten, nämlich des Staats-Klugheitsproblems, wird viel Kenntnis der Natur erfordert, um ihren Mechanismus zu dem gedachten Zweck zu benutzen, und doch ist alle diese ungewiß in Ansehung ihres Resultats, den ewigen Frieden betreffend, man mag nun die eine oder die andere der drei Abteilungen des öffentlichen Rechts nehmen. Ob das Volk im Gehorsam und zugleich im Flor besser durch Strenge oder Lockspeise der Eitelkeit, ob durch Obergewalt eines einzigen oder durch Vereinigung mehrerer Häupter, vielleicht auch bloß durch einen Dienstadel, oder durch Volksgewalt im Innern und zwar auf lange Zeit gehalten werden könne, ist ungewiß. Man hat von allen Regierungsarten (die einzige echt-republikanische, die aber nur einem moralischen Politiker in den Sinn kommen kann, ausgenommen) Beispiele des Gegenteils in der Geschichte. – Noch ungewisser ist ein auf Statuten nach

vouloir que ta maxime devienne une loi générale (quel que soit d'ailleurs le but de ton action).

Il est hors de doute que ce dernier principe doit venir en premier lieu ; car en tant que principe du droit, sa nécessité est inconditionnelle tandis que le premier principe n'oblige qu'en supposant certaines conditions empiriques de la fin qu'on se propose, à savoir l'exécution de celle-ci ; et même si cette fin (par exemple la paix perpétuelle) constituait un devoir, il faudrait qu'il eût lui-même été déduit du principe formel des maximes pour l'action extérieure. – Or, le premier de ces principes, celui du *moraliste politique* (le problème du droit public, du droit des gens et du droit cosmopolitique) est un simple *problème technique* (*problema technicum*) ; pour le second principe au contraire, celui du *politique moral*, établir la paix perpétuelle est un *problème moral* (*problema morale*) et la différence des procédés entre les deux principes est énorme ; car la réalisation de la paix perpétuelle n'est plus souhaitée alors simplement comme un bien physique, mais aussi comme une condition dérivée de la reconnaissance du devoir.

Pour résoudre le premier problème, celui de la prudence politique il faut une science étendue de la nature, permettant d'utiliser son mécanisme au profit de la fin prévue et néanmoins, toute cette science n'offre aucune certitude, si l'on en envisage le résultat, au point de vue de la paix perpétuelle ; que l'on considère d'ailleurs l'une ou l'autre de trois divisions du droit public. On ne peut savoir de façon certaine si le peuple pourra à l'intérieur et pour longtemps à vrai dire être maintenu dans l'obéissance, comme aussi dans un état florissant, par la sévérité ou les appâts destinés à la vanité, la puissance souveraine d'un seul ou l'union de plusieurs chefs, peut-être même seulement par une classe de fonctionnaires nobles ou par le pouvoir populaire. Tous les genres de gouvernements ont fourni dans l'histoire des exemples contraires (excepté le véritable gouvernement républicain seul, mais il

Ministerialplanen vorgeblich errichtetes *Völkerrecht,* welches in der Tat nur ein Wort ohne Sache ist und auf Verträgen beruht, die in demselben Akt ihrer Beschließung zugleich den geheimen Vorbehalt ihrer Übertretung enthalten. – Dagegen dringt sich die Auflösung des zweiten, nämlich des *Staatsweisheitsproblems,* sozusagen von selbst auf, ist jedermann | einleuchtend und macht alle Künstelei zuschanden, führt dabei gerade zum Zwecke; doch mit der Erinnerung der Klugheit, ihn nicht übereilterweise mit Gewalt herbeizuziehen, sondern sich ihm, nach Beschaffenheit der günstigen Umstände, unablässig zu nähern.

Da heißt es denn : « Trachtet allererst nach dem Reiche der reinen praktischen Vernunft und nach seiner *Gerechtigkeit,* so wird euch euer Zweck (die Wohltat des ewigen Friedens) von selbst zufallen. » Denn das hat die Moral Eigentümliches an sich, und zwar in Ansehung ihrer Grundsätze des öffentlichen Rechts (mithin in Beziehung auf eine *a priori* erkennbare Politik), daß, je weniger sie das Verhalten von dem vorgesetzten Zweck, dem beabsichtigten, es sei physischem oder sittlichem Vorteil, abhängig macht, desto mehr sie dennoch zu diesem im allgemeinen zusammenstimmt; welches daher kommt, weil es gerade der *a priori* gegebene allgemeine Wille (in einem Volk oder im Verhältnis verschiedener Völker untereinander) ist, der allein, was unter Menschen Rechtens ist, bestimmt; diese Vereinigung des Willens aller aber, wenn nur in der Ausübung konsequent verfahren wird, auch nach dem Mechanism der Natur zugleich die Ursache sein kann, die abgezweckte Wirkung hervorzubringen und dem Rechtsbegriffe Effekt zu verschaffen. – So ist es z. B. ein Grundsatz der moralischen Politik: daß sich ein Volk zu einem Staat nach den alleinigen Rechtsbegriffen der Freiheit und Gleichheit vereinigen solle, und dieses Prinzip ist nicht auf Klugheit, sondern auf Pflicht gegründet. Nun mögen dagegen politische Moralisten noch soviel über den Naturmechanism einer in Gesellschaft tretenden

ne peut venir qu'à l'esprit du politique moral). – Moins de certitude encore est offerte par un prétendu *droit des gens* établi selon des statuts reposant sur des plans ministériels ; en fait ce n'est qu'un mot sans rien de réel, fondé sur des conventions qui dans l'acte même de leur conclusion renferment également la restriction mentale de leur violation. – Au contraire la solution du second problème, celui de la *sagesse politique* s'impose en quelque sorte d'elle-même, elle est évidente | pour tous et confond tout artifice ; de plus elle **378** conduit droit au but ; si l'on se souvient toutefois du conseil de la prudence de ne pas le tirer à soi précipitamment et de force, mais de s'en rapprocher sans cesse suivant la nature des circonstances favorables.

Voici alors ce qui importe : « Recherchez premièrement le règne de la raison pure pratique et sa *justice* et votre but (le bienfait de la paix perpétuelle) vous reviendra spontanément ». Car la morale a ceci de particulier, relativement même à ses principes de droit public (par rapport donc à une politique qu'on peut connaître *a priori*), que, moins elle fait dépendre la conduite du but qu'on se propose, de l'avantage physique du moral que l'on a en vue et plus elle se trouve d'accord avec lui d'une manière générale ; cela tient à ce que c'est précisément la volonté générale, donnée *a priori* (soit dans un peuple, soit dans les relations mutuelles des différents peuples) qui seule détermine ce qui est de droit parmi les hommes ; mais cette union de la volonté de tous, si toutefois, dans la pratique, l'on procède avec conséquence, peut, d'après le mécanisme de la nature même, être en même temps la cause qui produira l'effet voulu et permettra à la notion de droit de se réaliser. – Ainsi, c'est un principe de la politique morale qu'un peuple ne doit s'unir en un État que selon les seules notions de droit, de liberté et d'égalité et ce principe n'est point fondé sur la prudence, mais sur le devoir. Là contre les moralistes politiques peuvent bien raisonner tant qu'ils voudront, en s'appuyant sur le mécanisme naturel d'une

Menschenmenge, welcher jene Grundsätze entkräftete und ihre Absicht vereiteln werde, vernünfteln, oder auch durch Beispiele schlecht organisierter Verfassungen alter und neuer Zeiten (z. B. von Demokratien ohne Repräsentationssystem) ihre Behauptung dagegen zu beweisen suchen, so verdienen sie kein Gehör; vornehmlich da eine solche verderbliche Theorie das Übel wohl gar selbst bewirkt, was sie vorhersagt, nach welcher der Mensch mit den übrigen lebenden Maschinen in eine Klasse geworfen wird, denen nur noch das Bewußtsein, daß sie nicht freie Wesen sind, beiwohnen dürfte, um sie in ihrem eigenen Urteil zu den elendesten unter allen Weltwesen zu machen.

Der zwar etwas renommistisch klingende, sprichwörtlich in Umlauf gekommene, aber wahre Satz: *fiat iustitia, pereat mundus*, das heißt zu deutsch: « Es herrsche Gerechtigkeit, die Schelme in der Welt mögen auch insgesamt darüber zugrunde 379 gehen », ist ein wackerer, alle durch Arg- | list oder Gewalt vorgezeichneten krummen Wege abschneidender Rechtsgrundsatz nur daß er nicht mißverstanden und etwa als Erlaubnis, sein eigenes Recht mit der größten Strenge zu benutzen (welches der ethischen Pflicht widerstreiten würde), sondern als Verbindlichkeit der Machthabenden, niemanden sein Recht aus Ungunst oder Mitleiden gegen andere zu weigern oder zu schmälern, verstanden wird; wozu vorzüglich eine nach reinen Rechtsprinzipien eingerichtete innere Verfassung des Staats, dann aber auch die der Vereinigung desselben mit andern benachbarten oder auch entfernten Staaten zu einer (einem allgemeinen Staat analogischen) gesetzlichen Ausgleichung ihrer Streitigkeiten erfordert wird. – Dieser Satz will nichts anderes sagen als: die politische Maximen müssen nicht von der aus ihrer Befolgung zu erwartenden Wohlfahrt und Glückseligkeit eines jeden Staats, also nicht vom Zweck, den sich ein jeder derselben zum Gegenstande macht (vom Wollen), als dem obersten (aber empirischen) Prinzip der Staatsweisheit, sondern von dem reinen Begriff der Rechtspflicht (vom Sollen, dessen Prinzip *a priori* durch reine Vernunft gegeben ist)

multitude d'hommes se mettant en société, mécanisme qui selon eux ôterait toute force à ces principes et déjouerait leur intention, et même chercher à démontrer leur thèse par des exemples empruntés à des constitutions mal organisées des temps anciens et modernes (par exemple de démocraties sans système représentatif), ils ne méritent pas d'être entendus ; et cela d'autant plus qu'une théorie aussi nuisible provoque peut-être elle-même le mal qu'elle prédit, en rejetant les hommes dans une même classe avec les autres machines vivantes auxquelles il suffirait d'avoir la conscience de n'être pas des êtres libres, pour devenir suivant leur propre jugement même, les plus misérables de tous les êtres sur terre.

La proposition, passée en proverbe, assurément d'allure quelque peu fanfaronne, mais vraie tout de même : *Fiat justitia, pereat mundus*, c'est-à-dire : « Il faut que la justice règne quand bien même tous les coquins dans le monde devraient en périr », est un excellent principe de droit, | barrant **379** tous les chemins de traverse prévus par la perfidie ou la violence ; toutefois il ne doit pas être mal compris, et entendu, par exemple, comme autorisant à user de son droit avec la plus grande rigueur (ce qui serait contraire au devoir moral), mais bien comme obligeant les puissants à ne point faire obstacle au droit d'un individu ou à le léser par défaveur ou par pitié pour autrui ; mais pour cela il faut surtout que l'État ait une constitution intérieure établie suivant les purs principes du droit, et de plus une entente avec les États voisins ou même éloignés (analogue à un État universel) en vue d'aplanir juridiquement leurs différends. – Cette proposition ne signifie pas autre chose que ceci : Les maximes politiques ne doivent pas avoir pour origine le bien-être ou la félicité espérés pour tout État, de leur application, donc en aucune façon le but dont chaque État fait son objet (le vouloir), en tant que principe suprême (mais empirique) de la sagesse politique, mais, au contraire, provenir de la pure notion du devoir de droit (du devoir dont le principe est fourni *a priori* par la

ausgehen, die physischen Folgen daraus mögen auch sein, welche sie wollen. Die Welt wird keinesweges dadurch untergehen, daß der bösen Menschen weniger wird. Das moralisch Böse hat die von seiner Natur unabtrennliche Eigenschaft, daß es in seinen Absichten (vornehmlich in Verhältnis gegen andere Gleichgesinnte) sich selbst zuwider und zerstörend ist und so dem (moralischen) Prinzip des Guten, wenngleich durch langsame Fortschritte, Platz macht.

Es gibt also *objektiv* (in der Theorie) gar keinen Streit zwischen der Moral und der Politik. Dagegen *subjektiv* (in dem selbstsüchtigen Hange der Menschen, der aber, weil er nicht auf Vernunftmaximen gegründet ist, noch nicht Praxis genannt werden muß) wird und mag er immer bleiben, weil er zum Wetzstein der Tugend dient, deren wahrer Mut (nach dem Grundsatze : *tu ne cede malis, sed contra audentior ito* [Vergil, *Aenëis*, VI, 95]), in gegenwärtigem Falle nicht sowohl darin besteht, den Übeln und Aufopferungen mit festem Vorsatz sich entgegenzusetzen, welche hierbei übernommen werden müssen, sondern dem weit gefährlicheren lügenhaften und verräterischen, aber doch vernünftelnden, die Schwäche der menschlichen Natur zur Rechtfertigung aller Übertretung vorspiegelnden bösen Prinzip in uns selbst in die Augen zu sehen und seine Arglist zu besiegen.

380 | In der Tat kann der politische Moralist sagen : Regent und Volk, oder Volk und Volk tun *einander* nicht unrecht, wenn sie einander gewalttätig oder hinterlistig befehden, ob sie zwar überhaupt darin unrecht tun, daß sie dem Rechtsbegriffe, der allein den Frieden auf ewig begründen könnte, alle Achtung versagen. Denn weil der eine seine Pflicht gegen den andern übertritt, der gerade ebenso rechtswidrig gegen jenen gesinnt ist, so geschieht ihnen beiderseits ganz recht, wenn sie sich untereinander aufreiben, doch so, daß von dieser Rasse immer noch genug übrigbleibt, um dieses Spiel bis zu den entferntesten Zeiten nicht aufhören zu lassen, damit eine späte

raison pure), quelles que soient d'ailleurs les conséquences matérielles qui en puissent résulter. S'il y a moins de méchants, le monde n'en périra pas pour cela. Le mal moral possède ce caractère, inséparable de sa nature que ses desseins lui sont contraires et contribuent à sa ruine (notamment dans les relations des méchants avec des gens animés des mêmes intentions qu'eux), et il fait ainsi place au principe (moral) du Bien quoique ce progrès soit lent.

Objectivement donc (c'est-à-dire en théorie) il n'y a pas conflit entre la morale et la politique. *Subjectivement*, au contraire (dans le penchant égoïste de l'homme, penchant qu'on ne peut nommer pratique, parce qu'il n'est pas fondé sur des maximes de la raison), le conflit demeurera toujours ; mais qu'il demeure, car il sert à la vertu de pierre à aiguiser ; en effet, dans le cas présent, la véritable énergie de celle-ci (d'après le principe : *Tu ne cede malis, sed contra audentior ito* [Virgile, *Énéide*, VI, 95]) consiste moins à résister d'un ferme propos aux maux et aux sacrifices dont il faut alors se charger, qu'au contraire à regarder en face le mauvais principe en nous, à coup sûr bien plus dangereux, menteur et perfide, qui raisonne artificieusement, prétendant justifier toutes les transgressions par l'humaine faiblesse, et à vaincre sa malice.

| Le moraliste politique peut dire, en effet : le souverain et **380** le peuple, ou bien un peuple et un autre ne se font pas *mutuellement* tort quand ils se combattent par la violence ou la ruse bien qu'ils n'aient généralement pas raison de refuser toute considération à la notion de droit qui seule pourrait fonder la paix à perpétuité. En effet, puisque l'un viole le devoir qu'il a vis-à-vis de l'autre animé, de son côté, contre le premier de sentiments contraires au droit, c'est fort bien fait s'ils se détruisent réciproquement, à condition qu'il en reste assez de cette race pour que ce jeu ne puisse cesser même aux époques les plus lointaines, afin qu'une tardive postérité

Nachkommenschaft an ihnen dereinst ein warnendes Beispiel nehme. Die Vorsehung im Laufe der Welt ist hierbei gerechtfertigt; denn das moralische Prinzip im Menschen erlischt nie, die pragmatisch zur Ausführung der rechtlichen Ideen nach jenem Prinzip tüchtige Vernunft wächst noch dazu beständig durch immer fortschreitende Kultur, mit ihr aber auch die Schuld jener Übertretungen. Die Schöpfung allein: daß nämlich ein solcher Schlag von verderbten Wesen überhaupt hat auf Erden sein sollen, scheint durch keine Theodizee gerechtfertigt werden zu können (wenn wir annehmen, daß es mit dem Menschengeschlechte nie besser bestellt sein werde noch könne); aber dieser Standpunkt der Beurteilung ist für uns viel zu hoch, als daß wir unsere Begriffe (von Weisheit) der obersten uns unerforschlichen Macht in theoretischer Absicht unterlegen könnten. – Zu solchen verzweifelten Folgerungen werden wir unvermeidlich hingetrieben, wenn wir nicht annehmen, die reinen Rechtsprinzipien haben objektive Realität, d.i. sie lassen sich ausführen; und darnach müsse auch von seiten des Volks im Staate, und weiterhin von seiten der Staaten gegeneinander gehandelt werden; die empirische Politik mag auch dagegen einwenden, was sie wolle. Die wahre Politik kann also keinen Schritt tun, ohne vorher der Moral gehuldigt zu haben, und obzwar Politik für sich selbst eine schwere Kunst ist, so ist doch Vereinigung derselben mit der Moral gar keine Kunst; denn diese haut den Knoten entzwei, den jene nicht aufzulösen vermag, sobald beide einander widerstreiten. – Das Recht der Menschen muß heilig gehalten werden, der herrschenden Gewalt mag es auch noch so große Aufopferung kosten. Man kann hier nicht halbieren und das Mittelding eines pragmatisch-bedingten Rechts (zwischen Recht und Nutzen) aussinnen, sondern alle Politik muß ihre Knie vor dem ersteren beugen, kann aber dafür hoffen, obzwar langsam, zu der Stufe zu gelangen, wo sie beharrlich glänzen wird.

puisse tirer de là un exemple qui la mette en garde. La
Providence est ainsi justifiée dans le cours du monde ; car,
dans l'homme le principe moral ne s'éteint jamais ; et même,
pragmatiquement, la raison qui est habile à réaliser les idées
du droit d'après ce principe, se développe constamnnent grâce
à une culture toujours en progrès ; mais la culpabilité résultant
des violations du droit s'accroît aussi. La Création seule,
permettant qu'une pareille espèce d'êtres pervers a dû exister
sur terre, ne paraît pouvoir se justifier par aucune théodicée (si
nous admettons que le genre humain ne s'améliorera jamais,
ni que ce lui soit possible) ; toutefois cette manière de juger
est beaucoup trop au-dessus de notre portée pour pouvoir
attribuer nos conceptions (de sagesse) au point de vue
théorique, à la puissance suprême pour nous insondable. –
Nous sommes inévitablement entraînés à ces conséquences
extrêmes, si nous n'admettons pas que les purs principes du
droit aient une réalité objective c'est-à-dire qu'on les puisse
appliquer et que le peuple dans l'État, comme les États les uns
à l'égard des autres doivent s'y conformer ; quelles que soient
d'ailleurs les objections que la politique empirique puisse
formuler sous ce rapport. La vraie politique donc ne peut faire
aucun pas, sans rendre d'abord hommage à la morale ; et bien
qu'en soi la politique soit un art difficile, ce n'en est pas un
cependant de la réunir à la morale, car celle-ci tranche le
nœud, que la politique ne peut trancher dès qu'elles sont en
conflit. – Le droit de l'homme doit être tenu pour sacré, dût-il
en coûter de gros sacrifices à la puissance souveraine. On ne
peut ici user d'une côte mal taillée et inventer le moyen terme
d'un droit pragmatiquement conditionné (qui tiendrait le
milieu entre le droit et l'intérêt) ; bien au contraire la politique
doit plier le genou devant le droit ; mais elle peut espérer en
revanche, parvenir lentement il est vrai, à un degré où elle
brillera avec éclat d'une manière constante.

| ANHANG

II. Von der Einhelligkeit der Politik mit der Moral
nach dem transzendentalen Begriffe des
öffentlichen Rechts

Wenn ich von aller *Materie* des öffentlichen Rechts (nach den verschiedenen empirisch-gegebenen Verhältnissen der Menschen im Staat oder auch der Staaten untereinander), so wie es sich die Rechtslehrer gewöhnlich denken, abstrahiere, so bleibt mir noch die *Form der Publizität* übrig, deren Möglichkeit ein jeder Rechtsanspruch in sich enthält, weil ohne jene es keine Gerechtigkeit (die nur als *öffentlich kundbar* gedacht werden kann), mithin auch kein Recht, das nur von ihr erteilt wird, geben würde.

Diese Fähigkeit der Publizität muß jeder Rechtsanspruch haben, und sie kann also, da es sich ganz leicht beurteilen läßt, ob sie in einem vorkommenden Falle stattfinde, d.i. ob sie sich mit den Grundsätzen des Handelnden vereinigen lasse oder nicht, ein leicht zu brauchendes, *a priori* in der Vernunft anzutreffendes Kriterium abgeben, im letzteren Falle die Falschheit (Rechts-widrigkeit) des gedachten Anspruchs (*praetensio iuris*) gleichsam durch ein Experiment der reinen Vernunft sofort zu erkennen.

Nach einer solchen Abstraktion von allem Empirischen, was der Begriff des Staats- und Völkerrechts enthält (dergleichen das

DE L'ACCORD DE LA POLITIQUE ET DE LA MORALE SELON LA
NOTION TRANSCENDANTALE DU DROIT PUBLIC

Si je fais abstraction de toute la *matière* du droit public (suivant les diverses conditions des hommes, données empiriquement dans l'État ou aussi celles des États entre eux), comme l'entendent d'ordinaire les professeurs de droit, il ne reste plus que *la forme de la publicité*, dont toute prétention juridique renferme la possibilité, parce que hors d'elle il n'y aurait pas de justice (qui ne peut être conçue que comme pouvant être *rendue publique*), par conséquent pas de droit non plus, car il ne peut y être pourvu que par elle.

Toute prétention juridique doit être susceptible de publicité, et puisqu'il est très facile de se rendre compte si elle est possible dans un cas donné, c'est-à-dire si on peut la concilier ou non avec les principes de celui qui agit, elle peut fournir un critérium d'un usage facile et qui se trouve *a priori* dans la raison, pour reconnaître en ce cas la fausseté (l'injustice) de la susdite prétention (*praetensio juris*), immédiatement en quelque sorte, par une expérience de la raison pure.

Après avoir de cette manière abstrait tout l'élément empirique que renferme la notion de droit public et de droit des gens (par exemple la malice de l'humaine nature qui rend

Bösartige der menschlichen Natur ist, welches den Zwang notwendig macht), kann man folgenden Satz die *transzendentale Formel* des öffentlichen Rechts nennen :

« Alle auf das Recht anderer Menschen bezogene Handlungen, deren Maxime sich nicht mit der Publizität verträgt, sind unrecht. »

Dieses Prinzip ist nicht bloß als ethisch (zur Tugendlehre gehörig), sondern auch als *juridisch* (das Recht der Menschen angehend) zu betrachten. Denn eine Maxime, die ich nicht darf *laut werden* lassen, ohne dadurch meine eigene Absicht zugleich zu vereiteln, die durchaus *verheimlicht* werden muß, wenn sie gelingen soll, und zu der ich mich nicht *öffentlich* bekennen kann, ohne daß dadurch unausbleiblich der Widerstand aller gegen meinen Vorsatz gereizt werde, kann diese notwendige und allgemeine, mithin *a priori* einzusehende Gegenbearbeitung aller gegen mich nirgend wovon anders als von der Ungerechtigkeit her haben, womit sie jedermann bedroht. – Es ist ferner bloß *negativ,* d.i. es dient nur, um vermittelst **382** desselben, was gegen andere *nicht recht* ist, zu er | kennen. Es ist gleich einem Axiom unerweislich-gewiß und überdem leicht anzuwenden, wie aus folgenden Beispielen des öffentlichen Rechts zu ersehen ist.

1. *Was das Staatsrecht* (*ius civitatis*), nämlich das innere, *betrifft :* so kommt in ihm die Frage vor, welche viele für schwer zu beantworten halten, und die das transzendentale Prinzip der Publizität ganz leicht auflöst : « Ist Aufruhr ein rechtmäßiges Mittel für ein Volk, die drückende Gewalt eines sogenannten Tyrannen (*non titulo, sed exercitio talis*) abzuwerfen ? » Die Rechte des Volks sind gekränkt, und ihm (dem Tyrannen) geschieht kein Unrecht durch die Entthronung ; daran ist kein Zweifel. Nichtsdestoweniger ist es doch von den Untertanen im höchsten Grade unrecht, auf diese Art ihr Recht zu suchen, und sie können ebensowenig über Ungerechtigkeit klagen, wenn sie

la contrainte nécessaire), on pourra définir la proposition qui suit comme la *formule transcendantale* du droit public :

« Toutes les actions relatives au droit d'autrui dont la maxime est incompatible avec la publicité, sont injustes ».

Ce principe doit être considéré non seulement au point de vue *éthique* (comme relevant de la théorie de la vertu), mais aussi au point de vue *juridique* (comme concernant le droit des hommes). Une maxime, en effet, que je ne puis *divulguer*, sans faire échouer du même coup mon propre dessein qu'il faut absolument *dissimuler* pour réussir, et que je ne puis *avouer publiquement*, sans provoquer par là inévitablement la résistance de tous à mon dessein, une semblable maxime, dis-je, ne peut faire naître cette opposition nécessaire, générale, par suite saisissable *a priori*, de tous contre moi, que du fait de l'injustice dont elle menace un chacun. – Ce principe est en outre, purement *négatif*, c'est-à-dire qu'il ne sert qu'à reconnaître ce qui *n*'est *pas* à l'égard d'autrui, *conforme* | *au* **382** *droit*. – Il est comme les axiomes, évident sans démonstration et de plus, d'une application facile, comme on peut s'en rendre compte par les exemples suivants tirés du droit public :

1) *En ce qui concerne le droit politique* (*jus civitatis*) c'est-à-dire le droit intérieur, il se pose la question de savoir si l'insurrection constitue pour le peuple un moyen légitime de se débarrasser de l'oppression d'un prétendu tyran (*non titulo, sed exercitio talis*) ; beaucoup considèrent qu'il n'est pas facile de répondre à cette question, néanmoins elle se trouve résolue très aisément grâce au principe transcendantal de la publicité. Les droits du peuple sont violés, et au tyran on ne fait aucun tort en le détrônant ; là-dessus aucun doute n'est possible. Néanmoins, il est très injuste de la part des sujets, de réaliser leur droit par ce procédé et ils ne pourraient aucunement se plaindre d'injustice s'ils succombaient dans ce

in diesem Streit unterlägen und nachher deshalb die härteste Strafe ausstehen müßten.

Hier kann nun vieles für und dawider vernünftelt werden, wenn man es durch eine dogmatische Deduktion der Rechtsgründe ausmachen will; allein das transzendentale Prinzip der Publizität des öffentlichen Rechts kann sich diese Weitläuftigkeit ersparen. Nach demselben fragt sich vor Errichtung des bürgerlichen Vertrags das Volk selbst, ob es sich wohl getraue, die Maxime des Vorsatzes einer gelegentlichen Empörung öffentlich bekannt zu machen. Man sieht leicht ein, daß, wenn man es bei der Stiftung einer Staatsverfassung zur Bedingung machen wollte, in gewissen vorkommenden Fällen gegen das Oberhaupt Gewalt auszuüben, so müßte das Volk sich einer rechtmäßigen Macht über jenes anmaßen. Alsdann wäre jenes aber nicht das Oberhaupt, oder, wenn beides zur Bedingung der Staatserrichtung gemacht würde, so würde gar keine möglich sein, welches doch die Absicht des Volks war. Das Unrecht des Aufruhrs leuchtet also dadurch ein, daß die Maxime desselben dadurch, daß man sich *öffentlich dazu bekennte,* seine eigene Absicht unmöglich machen würde. Man müßte sie also notwendig verheimlichen. – Das letztere wäre aber von seiten des Staatsoberhauptes eben nicht notwendig. Er kann frei heraussagen, daß er jeden Aufruhr mit dem Tode der Rädelsführer bestrafen werde, diese mögen auch immer glauben, er habe seinerseits das Fundamentalgesetz zuerst übertreten; denn wenn er sich bewußt ist, die *unwiderstehliche* Obergewalt zu besitzen (welches auch in jeder bürgerlichen Verfassung so angenommen werden muß, weil der, welcher nicht Macht genug hat, einen jeden im Volk gegen den andern 383 zu schützen, | auch nicht das Recht hat, ihm zu befehlen), so darf er nicht sorgen, durch die Bekanntwerdung seiner Maxime seine eigene Absicht zu vereiteln, womit auch ganz wohl zusammenhängt, daß, wenn der Aufruhr dem Volke gelänge, jenes Oberhaupt in die Stelle des Untertans zurücktreten, ebensowohl keinen Wiedererlangungs- aufruhr beginnen, aber auch nicht zu befürchten

conflit, et s'ils devaient ensuite endurer pour cette raison le châtiment le plus rude.

On peut sur ce point faire beaucoup de raisonnements subtils pour et contre, si l'on veut trouver une solution au moyen d'une déduction dogmatique des raisons juridiques ; mais le principe transcendantal de la publicité du droit public nous dispense de toute cette prolixité ; d'après ce principe le peuple se demande, avant d'instituer le contrat social, s'il osera faire connaître publiquement la maxime ayant trait au dessein de s'insurger à l'occasion. On voit facilement que, si en instituant une constitution politique, on voulait poser comme condition d'user de violence à l'occasion envers le chef de l'État, le peuple devrait s'arroger sur lui un pouvoir légitime. Mais alors ce chef ne le serait pas, ou bien, si on jugeait ces deux conditions nécessaires pour fonder l'État, aucune institution de ce genre ne serait possible, ce qui est pourtant le but que le peuple se propose. Ce qu'il y a d'injuste dans l'insurrection se manifeste en ceci que sa maxime *avouée publiquement* en rendrait le dessein impossible à réaliser. Il faudrait donc nécessairement la tenir secrète. – Ceci toutefois ne serait pas absolument indispensable pour le chef d'État. Il peut déclarer librement qu'il punira toute rébellion par la mort des meneurs, même si ceux-ci pensaient qu'il a pour sa part violé le premier la loi fondamentale ; car, s'il a conscience de détenir l'*irrésistible* puissance suprême (ce qu'il faut bien admettre dans toute constitution civile, parce que celui qui n'a pas la force suffisante pour protéger un individu quelconque du peuple contre un autre, | n'a pas non **383** plus le droit de lui donner des ordres), il n'a pas à s'inquiéter de faire obstacle à son intention propre en publiant sa maxime ; à quoi l'on peut fort bien rattacher cette conséquence que, en cas où réussira l'insurrection populaire, ce chef d'État devrait reprendre sa place parmi les sujets, sans toutefois tenter une insurrection pour s'emparer à nouveau du

haben müßte, wegen seiner vormaligen Staatsführung zur Rechenschaft gezogen zu werden.

2. *Was das Völkerrecht betrifft.* – Nur unter Voraussetzung irgendeines rechtlichen Zustandes (d.i. derjenigen äußeren Bedingung, unter der dem Menschen ein Recht wirklich zuteil werden kann) kann von einem Völkerrecht die Rede sein, weil es als ein öffentliches Recht die Publikation eines jedem das Seine bestimmenden allgemeinen Willens schon in seinem Begriffe enthält, und dieser *status iuridicus* muß aus irgendeinem Vertrage hervorgehen, der nicht eben (gleich dem, woraus ein Staat entspringt) auf Zwangsgesetze gegründet sein darf, sondern allenfalls auch der einer *fortwährend-freien* Assoziation sein kann, wie der oben erwähnte der Föderalität verschiedener Staaten. Denn ohne irgendeinen *rechtlichen Zustand,* der die verschiedenen (physischen oder moralischen) Personen tätig verknüpft, mithin im Naturzustande, kann es kein anderes als bloß ein Privatrecht geben. – Hier tritt nun auch ein Streit der Politik mit der Moral (diese als Rechtslehre betrachtet) ein, wo dann jenes Kriterium der Publizität der Maximen gleichfalls seine leichte Anwendung findet, doch nur so : daß der Vertrag die Staaten nur in der Absicht verbindet, untereinander und zusammen gegen andere Staaten sich im Frieden zu erhalten, keineswegs aber um Erwerbungen zu machen. – Da treten nun folgende Fälle der Antinomie zwischen Politik und Moral ein, womit zugleich die Lösung derselben verbunden wird.

a) « Wenn einer dieser Staaten dem andern etwas versprochen hat : es sei Hilfleistung, oder Abtretung gewisser Länder, oder Subsidien u. dgl., frägt sich, ob er sich in einem Fall, an dem des Staats Heil hängt, vom Worthalten dadurch losmachen kann, daß er sich in einer doppelten Person betrachtet wissen will, erstlich als *Souverän,* da er niemanden in seinem Staat verantwortlich ist ; dann aber wiederum bloß als oberster *Staatsbeamte,* der dem Staat Rechenschaft geben müsse : da denn der Schluß dahin ausfällt, daß, wozu er sich in der ersteren Qualität verbindlich

pouvoir, mais il ne devrait pas redouter non plus d'avoir à rendre compte des actes de son administration antérieure.

2) *En ce qui concerne le droit des gens.* Ce n'est qu'en supposant un état juridique quelconque (c'est-à-dire cette condition extérieure qui permet véritablement à l'homme de jouir d'un droit) qu'il peut être question du droit des gens ; car, en tant que droit public, il contient déjà en sa notion la déclaration d'une volonté générale déterminant ce qui revient à chacun ; et ce *status juridicus* doit résulter de quelque contrat qui ne doit pas être fondé (comme celui qui donne naissance à un État) sur des lois de contrainte, mais qui à la rigueur peut être le pacte d'une association *permanente* et *libre* comme celui de la fédération de divers États dont il a été question ci-dessus. En effet, sans un *état juridique* qui unit activement les diverses personnes (physiques ou morales), donc dans l'état de nature, il ne saurait y avoir d'autre droit qu'un droit privé. – Or, il intervient ici un conflit entre la politique et la morale (celle-ci étant considérée comme doctrine du droit) où le critérium de la publicité des maximes trouve aussi facilement son emploi, cependant en ce sens seulement que le pacte n'unisse les États qu'en vue de maintenir la paix entre eux d'abord, puis entre eux et les autres États, et non pour faire des conquêtes. – L'antinomie entre la politique et la morale présente alors les cas suivants, auxquels se trouve jointe également la solution :

a) « Lorsqu'un de ces États a fait à l'autre quelque promesse, soit de secours, soit d'une cession de territoires, soit de subsides, etc., la question se pose de savoir, si, dans un cas d'où dépend le salut de l'État, il peut ne pas tenir sa parole en affirmant qu'on doit le considérer comme une personne double, d'abord comme *Souverain* ne devant de compte à personne dans son État ; puis, d'autre part, comme *premier fonctionnaire de l'État* responsable vis-à-vis de celui-ci ; la conclusion est alors la suivante, qu'il est libéré en sa seconde

gemacht hat, davon werde er in der zweiten losgesprochen. » –
Wenn nun aber ein Staat (oder dessen Oberhaupt) diese seine
384 Maxime laut werden | ließe, so würde natürlicherweise entweder
ein jeder andere ihn fliehen oder sich mit anderen vereinigen, um
seinen Anmaßungen zu widerstehen, welches beweist, daß
Politik mit aller ihrer Schlauigkeit auf diesen Fuß (der Offenheit)
ihren Zweck selber vereiteln, mithin jene Maxime unrecht sein
müsse.

b) « Wenn eine bis zur furchtbaren Größe (*potentia
tremenda*) angewachsene benachbarte Macht Besorgnis erregt :
kann man annehmen, sie werde, weil sie *kann,* auch
unterdrücken wollen, und gibt das den Mindermächtigen ein
Recht zum (vereinigten) Angriffe derselben, auch ohne
vorhergegangene Beleidigung ? » – Ein Staat, der seine Maxime
hier bejahend *verlautbaren* wollte, würde das Übel nur noch
gewisser und schneller herbeiführen. Denn die größere Macht
würde den kleineren zuvorkommen, und, was die Vereinigung
der letzteren betrifft, so ist das nur ein schwacher Rohrstab gegen
den, der das *divide et impera* zu benutzen weiß. – Diese Maxime
der Staatsklugheit, öffentlich erklärt, vereitelt also notwendig
ihre eigene Absicht und ist folglich ungerecht.

c) « Wenn ein kleinerer Staat durch seine Lage den
Zusammenhang eines größeren trennt, der diesem doch zu seiner
Erhaltung nötig ist, ist dieser nicht berechtigt, jenen sich zu
unterwerfen und mit dem seinigen zu vereinigen ? » – Man sieht
leicht, daß der größere eine solche Maxime ja nicht vorher müsse
laut werden lassen ; denn entweder die kleinern Staaten würden
sich frühzeitig vereinigen, oder andere Mächtige würden um
diese Beute streiten, mithin macht sie sich durch ihre Offenheit
selbst untunlich ; ein Zeichen, daß sie ungerecht ist und es auch in
sehr hohem Grade sein kann ; denn ein klein Objekt der
Ungerechtigkeit hindert nicht, daß die daran bewiesene
Ungerechtigkeit sehr groß sei.

qualité des obligations qu'il a contractées au nom de la première ». – Mais si un État (ou son Chef) déclarait cette maxime publiquement, | il serait tout naturel que les autres **384** États ou bien l'évitent ou s'unissent à d'autres pour résister à ses prétentions ; ceci prouve que la politique, même en déployant toute sa ruse, manquerait en usant de ce procédé (c'est-à-dire de loyauté) son but et que par suite cette maxime doit être injuste.

b) « Si une puissance voisine s'est développée de façon à parvenir à une grandeur formidable (*potentia tremenda*) et se fait par suite redouter, on peut admettre qu'elle voudra opprimer, parcequ'elle le *peut* ; mais cet état de choses donne-t-il le droit aux États moins puissants de l'attaquer (en commun), même sans qu'il y ait eu précédemment offense ? » – Un État qui *déclarerait publiquement* sa maxime en ce cas affirmative, provoquerait la catastrophe encore plus sûrement et plus vite, car la grande puissance préviendrait la plus faible, et la coalition même des petites puissances ne constituerait qu'un faible roseau pour résister à qui sait utiliser le *divide et impera*. – Il s'ensuit que cette maxime de prudence politique, ouvertement déclarée, déjoue nécessairement la fin qu'elle se propose et elle est conséquemment injuste.

c) « Quand un petit État, du fait de sa situation, rompt la continuité d'un État plus grand et que cette continuité est cependant indispensable à ce dernier, pour sa conservation, celui-ci n'a-t-il pas le droit de soumettre cet État et à le réunir à son territoire ? » – Il est facile de voir que ce grand État ne doit pas le moins du monde proclamer à l'avance une pareille maxime ; car, ou bien les petits États se coaliseraient sans tarder, ou bien d'autres États puissants se disputeraient cette proie ; il s'ensuit que la déclaration même de cette maxime la rendrait inexécutable ; c'est là une indication qui prouve qu'elle est injuste et qu'elle peut même l'être à un très haut degré ; car l'importance minime de l'objet de l'injustice, n'empêche pas l'injustice ainsi manifestée d'être très grande.

3. *Was das Weltbürgerrecht betrifft,* so übergehe ich es hier mit Stillschweigen, weil wegen der Analogie desselben mit dem Völkerrecht die Maximen desselben leicht anzugeben und zu würdigen sind.

Man hat hier nun zwar an dem Prinzip der Unverträglichkeit der Maximen des Völkerrechts mit der Publizität ein gutes Kennzeichen der *Nichtübereinstimmung* der Politik mit der Moral (als Rechtslehre). Nun bedarf man aber auch belehrt zu werden, welches denn die Bedingung ist, unter der ihre Maximen mit dem Recht der Völker übereinstimmen. Denn es läßt sich nicht umgekehrt schließen: daß, welche Maximen die I Publizität vertragen, dieselben darum auch gerecht sind, weil, wer die entschiedene Obermacht hat, seiner Maximen nicht Hehl haben darf. – Die Bedingung der Möglichkeit eines Völkerrechts überhaupt ist: daß zuvörderst ein *rechtlicher Zustand* existiere. Denn ohne diesen gibt's kein öffentliches Recht, sondern alles Recht, was man sich außer demselben denken mag (im Naturzustande), ist bloß Privatrecht. Nun haben wir oben gesehen: daß ein föderativer Zustand der Staaten, welcher bloß die Entfernung des Krieges zur Absicht hat, der einzige, mit der *Freiheit* derselben vereinbare *rechtliche* Zustand sei. Also ist die Zusammenstimmung der Politik mit der Moral nur in einem föderativen Verein (der also nach Rechtsprinzipien *a priori* gegeben und notwendig ist) möglich, und alle Staats klugheit hat zur rechtlichen Basis die Stiftung des ersteren in ihrem größtmöglichen Umfange, ohne welchen Zweck alle ihre Klügelei Unweisheit und verschleierte Ungerechtigkeit ist. – Diese Afterpolitik hat nun ihre *Kasuistik,* trotz der besten Jesuiterschule; – die reservatio mentalis: in Abfassung öffentlicher Verträge mit solchen Ausdrücken, die man gelegentlich zu seinem Vorteil auslegen kann, wie man will (z. B. den Unter schied des *status quo de fait* und *de droit*); – den *Probabilismus:* böse Absichten an anderen zu erklügeln oder

3) *Quant à ce qui concerne le droit cosmopolitique*, je le passerai ici sous silence, parce qu'il résulte de l'analogie de ce droit avec le droit des gens qu'il est facile d'en indiquer et d'en apprécier les maximes.

On possède assurément grâce à ce principe de l'incompatibilité des maximes du droit public avec la publicité, un bon indice de la *non concordance* de la politique avec la morale (en tant que doctrine du droit). Or, il est nécessaire aussi d'apprendre à quelle condition ces maximes s'accordent avec le droit des gens. Car l'on ne peut pas conclure inversement que les maximes qui | admettent la publicité, soient aussi pour **385** cette raison justes, parce que celui qui a une puissance supérieure indiscutable, n'a pas à faire mystère de ses maximes. – La condition pour qu'un droit des gens soit possible d'une manière générale, c'est qu'il existe tout d'abord un *état de droit*. Car sans un tel état, il ne saurait y avoir de droit public ; au contraire tout droit, que l'on peut concevoir en dehors de celui-là (dans l'état de nature) n'est qu'un droit privé. Or, nous avons vu précédemment qu'une fédération d'États, ayant pour unique fin d'écarter la guerre, est le seul *état de droit*, compatible avec la *liberté*. Ainsi l'accord de la politique avec la morale n'est possible que dans une union fédérative (qui est donc donnée *a priori*, et nécessaire d'après les principes de droit) ; et toute la prudence politique a pour base juridique l'institution de cette union, en lui donnant le plus grand développement possible : hors de ce but, tous ses subtils raisonnements ne sont que sottise et qu'injustice voilée. – Cette politique vicieuse a sa casuistique, en dépit de la meilleure des écoles jésuitiques : – la *reservatio mentalis* : grâce à laquelle on rédige des traités publics en usant d'expressions telles qu'on peut à l'occasion les interpréter à son avantage, si l'on veut (par exemple la distinction entre le *statu quo de fait* et *de droit*) ; le *probabilisme* qui consiste à attribuer subtilement à d'autres de mauvaises intentions, et

auch Wahrscheinlichkeiten ihres möglichen Übergewichts zum Rechtsgrunde der Untergrabung anderer, friedlicher Staaten zu machen; – endlich das *peccatum philosophicum* (*peccatillum, baggatelle*): das Verschlingen eines *kleinen* Staats, wenn dadurch ein viel *größerer* zum vermeintlich größeren Weltbesten gewinnt, für eine leicht-verzeihliche Kleinigkeit zu halten[1].

Den Vorschub hierzu gibt die Zweizüngigkeit der Politik in Ansehung der Moral, einen oder den anderen Zweig derselben zu ihrer Absicht zu benutzen. – Beides, die Menschenliebe und die Achtung fürs *Recht* der Menschen, ist Pflicht; jene aber nur *bedingte,* diese dagegen *unbedingte,* schlechthin gebietende Pflicht, welche nicht übertreten zu haben derjenige zuerst völlig versichert sein muß, der sich dem süßen Gefühl des Wohltuns 386 | überlassen will. Mit der Moral im ersteren Sinne (als Ethik) ist die Politik leicht einverstanden, um das Recht der Menschen ihren Oberen preiszugeben: Aber mit der in der zweiten Bedeutung (als Rechtslehre), vor der sie ihre Knie beugen müßte, findet sie es ratsam, sich gar nicht auf Vertrag einzulassen, ihr lieber alle Realität abzustreiten und alle Pflichten auf lauter Wohlwollen auszudeuten; welche Hinterlist einer lichtscheuen Politik doch von der Philosophie durch die Publizität jener ihrer Maximen leicht vereitelt werden würde, wenn jene es nur wagen wollte, dem Philosophen die Publizität der seinigen angedeihen zu lassen.

In dieser Absicht schlage ich ein anderes transzendentales und bejahendes Prinzip des öffentlichen Rechts vor, dessen Formel diese sein würde:

---

1. Die Belege zu solchen Maximen kann man in des Herrn Prof. *Garve* Abhandlung: «Über die Verbindung der Moral mit der Politik», 1788, antreffen. Dieser würdige Gelehrte gesteht gleich zu Anfange, eine genugtuende Antwort auf diese Frage nicht geben zu können. Aber sie dennoch gut zu heißen, obzwar mit dem Geständnis, die dagegen sich regende Einwürfe nicht völlig heben zu können, scheint doch eine größere Nachgiebigkeit gegen die zu sein, die sehr geneigt sind, sie zu mißbrauchen, als wohl ratsam sein möchte, einzuräumen.

encore à faire de la vraisemblance de leur supériorité possible une cause juridique pour miner des États paisibles; – enfin le *peccatum philosophicum* (*peccatillum, baggatelle*): qui consiste à considérer l'absorption d'un *petit* État comme une chose insignifiante quand un État *bien plus grand* y gagne, dans l'intérêt supérieur du monde en général, à ce que l'on prétend[1].

Ce qui prête ici son assistance à la politique, c'est sa duplicité relativement à la morale, elle lui permet d'utiliser en vue de sa fin, tantôt l'une, tantôt l'autre branche de cette dernière. – L'amour de l'humanité et le respect du *droit* des hommes sont, l'un et l'autre un devoir, mais le premier n'est que *conditionnel*, l'autre, au contraire, est un devoir *absolu*, qui ordonne sans condition; et celui qui veut se laisser aller au doux sentiment de la bienfaisance, doit d'abord être tout à fait certain de ne pas|l'avoir violé. La politique s'entend aisément **386** avec la morale, au premier sens (en tant qu'éthique) pour livrer le droit des hommes à leurs chefs; mais elle trouve à propos de ne point traiter avec la morale, prise dans le second sens (comme doctrine du droit), alors qu'elle devrait plier le genou devant elle; elle préfère lui disputer toute réalité et interpréter tous les devoirs comme relevant de la bienveillance uniquement; mais cette ruse d'une politique qui redoute la lumière serait facilement déjouée par la publicité de ses maximes, si elle osait seulement permettre au philosophe de publier les siennes.

Dans ce but, je propose un autre principe transcendantal et affirmatif du droit public dont la formule serait la suivante:

1. On pourra trouver des exemples pour servir à de pareilles maximes dans le traité de M. le Conseiller aulique Garve: *De l'union de la morale avec la politique*, 1788. Tout au début, ce digne savant avoue ne pas pouvoir répondre à cette question d'une manière satisfaisante. Approuver toutefois cette union en avouant, il est vrai, qu'on ne peut intégralement réfuter les objections qu'elle soulève, c'est semble-t-il accorder plus qu'il ne saurait être à propos, à ceux qui sont très enclins à abuser de cette facilité.

« Alle Maximen, die der Publizität *bedürfen* (um ihren Zweck nicht zu verfehlen), stimmen mit Recht und Politik vereinigt zusammen. »

Denn wenn sie nur durch die Publizität ihren Zweck erreichen können, so müssen sie dem allgemeinen Zweck des Publikums (der Glückseligkeit) gemäß sein, womit zusammen zu stimmen (es mit seinem Zustande zufrieden zu machen), die eigentliche Aufgabe der Politik ist. Wenn aber dieser Zweck *nur* durch die Publizität, d.i. durch die Entfernung alles Mißtrauens gegen die Maximen derselben, erreichbar sein soll, so müssen diese auch mit dem Recht des Publikums in Eintracht stehen; denn in diesem allein ist die Vereinigung der Zwecke aller möglich. – Die weitere Ausführung und Erörterung dieses Prinzips muß ich für eine andere Gelegenheit aussetzen; nur daß es eine transzendentale Formel sei, ist aus der Entfernung aller empirischen Bedingungen (der Glückseligkeitslehre), als der Materie des Gesetzes, und der bloßen Rücksicht auf die Form der allgemeinen Gesetzmäßigkeit zu ersehen.

Wenn es Pflicht, wenn zugleich gegründete Hoffnung da ist, den Zustand eines öffentlichen Rechts, obgleich nur in einer ins Unendliche fortschreitenden Annäherung wirklich zu machen, so ist der ewige *Friede,* der auf die bisher fälschlich so genannten Friedensschlüsse (eigentlich Waffenstillstände) folgt, keine leere Idee, sondern eine Aufgabe, die nach und nach aufgelöst, ihrem Ziele (weil die Zeiten, in denen gleiche Fortschritte geschehen, hoffentlich immer kürzer werden) beständig näher kommt.

« Toutes les maximes qui *ont besoin* de publicité (pour ne pas manquer leur but) s'accordent avec la morale et la politique réunies ».

Car si elles ne peuvent atteindre leur but que par la publicité, il faut qu'elles soient conformes à la fin générale du public (c'est-à-dire le bonheur); et d'ailleurs le problème véritable que la politique doit résoudre, consiste en l'accord avec cette fin (rendre le peuple satisfait de son état). Toutefois, si ce but peut *seulement* s'atteindre grâce à la publicité, c'est-à-dire en écartant des maximes de cette dernière toute défiance, celles-ci doivent être en accord aussi avec le droit du public, car en lui seul peuvent s'unir les fins de tous. – Il me faut renvoyer à une autre occasion le développement et l'explication de ce principe; toutefois on peut voir que la formule en est transcendantale puisque l'on a écarté toutes les conditions empiriques (de la doctrine du bonheur), en tant que matière de la loi et que l'on n'a considéré que la forme de la légalité générale.

Si c'est un devoir et s'il existe aussi une espérance sérieuse, de réaliser l'ordre du droit public, il est vrai, en s'en rapprochant seulement dans un progrès à l'infini, la *paix perpétuelle* qui suivra ce que l'on a nommé à tort jusqu'ici des traités de paix (à vrai dire des armistices), n'est pas une idée creuse, mais un problème qui, solutionné peu à peu, se rapproche constamment de son but (parce que la durée des temps où se produisent des progrès égaux s'abrégera, il faut bien l'espérer, toujours davantage).

INDEX RERUM [1]

INDEX NOMINUM

TABLE DES MATIÈRES

ACHEVÉ D'IMPRIMER
EN FÉVRIER 2013
PAR L'IMPRIMERIE
DE LA MANUTENTION
À MAYENNE
FRANCE
N° 2068467C

Dépôt légal : 1e trimestre 2013